LEIF LASSE ANDERSSON

PLANLOS
ZWISCHEN PANDEMIE UND PLAUZE

WARUM ES TROTZDEM COOL IST, EIN Ü50-MANN ZU SEIN

Danksagung

Ich bedanke mich bei der Frau für immer neue Ideen, welche männlichen Macken es noch zu beschreiben lohnt. Dazu bei der fleißigen Testleserin, die niemand Oma nennen darf, für moralisches Augenmaß und niemals endende Geduld. Und ganz besonders bei *BILD* für die Genehmigung, meine Ü50-Kolumnen »Die unrasierte Wahrheit« in diesem Buch verwenden zu dürfen.

Als ich den Praktikanten mit der Kaffeedose verfehlte

Neulich habe ich Passbilder machen lassen.

Ich sehe alt darauf aus.

Und faltig.

Und fett.

Was für ein elender Pfuscher dieser Fotograf doch ist! Ich habe ihm natürlich eine ganz miese Rezension auf Facebook geschrieben.

Aber jetzt mal Hand aufs Herz: Wann hatten SIE zum ersten Mal den Verdacht, dass sich diese drei verhängnisvollen Buchstaben A, L und T hinterrücks in ihr Leben schleichen?

Bei mir war es gestern. Ein Dienstag. Kein richtig schlimmer Tag, kein richtig toller Tag. Ich schlenderte nach der Morgenkonferenz in die Kaffeeküche, wo ich auf den neuen Praktikanten traf. Einer von diesen jungen Männern mit langem Bart und zu kurzen Hosen, die wir hier in Berlin Hipster nennen. Er war zuletzt bei einem Musikmagazin. Ich mag Musikmagazine. Wir gerieten ins Plaudern. Bis der Bengel sagte, Coldplay wäre ja mehr was für ältere Leute.

Ich fragte: »WAS?«

Er zuckte mit den Schultern. »Na ja, meine Eltern. Oder Sie. Also ältere Leute eben.«

Er ist dann weggelaufen, als ich mit der Kaffeedose nach ihm warf.

Eines muss man dem Prakti lassen: Wendig war er, dieser Rotzlöffel! Erst duckte er sich weg, und als ich mit drohend erhobenem Kaffeepulverlöffel nachsetzen wollte, huschte er einfach aus der Küche, während sich in meiner Schulter ein stechender Schmerz bemerkbar machte.

Es entwickelte sich folgender Dialog zwischen meinem rechten Schultereckgelenk und mir.

Schulter: »Lass es. Und nimm eine Ibu!«

Ich: »Aber dieser Mistkerl …«

Schulter: »Den holst du nicht mal ein, wenn du ein Taxi nimmst.«

Ich: »Hallo? Ich war 1974 Jugendmeister mit der 4x50-Meter-Staffel!«

Schulter: »Ich war dabei! Du warst bloß Reserveläufer. Und, es tut mir leid, das erwähnen zu müssen: Willy Brandt war noch Bundeskanzler.«

Ich: »Ach, halt doch die Fresse!«

Schulter: »Na komm, mach uns einen Kaffee, nimm die verdammte Ibu und lass uns zum Arzt gehen. Oder zu der blonden Physiotherapeutin. Du weißt schon, die immer so lieb lächelt.«

Doch, doch! So fängt es an. Seit einiger Zeit führe ich vermehrt Selbstgespräche. Oder ich spreche die Texte beim Schreiben mit – gerade für die jüngeren Kollegen eine irritierende Angewohnheit.

Stellen Sie sich also kurz vor, wie ich an meinem durchschnittlich unaufgeräumten Schreibtisch in einem durchschnittlich besetzten Großraumbüro sitze, die Fernbrille auf den Kopf geschoben habe, ein Stockwerk tiefer die Lesebrille auf der Nasenspitze balanciere und nachdenklich am erkalteten Kaffee nippe. Während ich anfange, vor mich hinzu-tippen, murmele ich: »Doch, doch! Seit einiger Zeit führe ich vermehrt Selbstgespräche.«

Aber kommen wir zurück zu meinem Schulterschmerz.

Nach Feierabend ging ich zu Elena, der Physiotherapeutin. 32 Jahre alt, überaus blond, sehr freundlich, und sie erkundigte sich teilnahmsvoll nach dem Hergang der Verletzung.

Ich war ein wenig kurzatmig, weil ich versuchte, während des Gespräches den Bauch einzuziehen, denn ich fand Elena wirklich attraktiv.

Und ich war verlegen. Die Sache mit der Kaffeedose erschien mir im Nachhinein peinlich, deshalb sagte ich entschlossen: »Fitnessstudio«, und machte eine Pause, wie Gewichtheber sie einlegen, bevor sie 200 Kilogramm in die Hochstrecke wuchten. »Vielleicht habe ich ein paar Kilo zu viel aufgelegt.«

Ich entliebte mich, noch während Elena meine Schulter be-tastete. »Gewichte stemmen kann sehr gefährlich sein, wenn man nicht mehr ganz jung ist«, meinte sie. »Warum versuchen Sie es nicht mit altersgerechter Bewegung? Schwimmen oder Nordic Walking, das macht mein Vater auch.«

Auf der Fahrt nach Hause – ich konnte mich im Bus wegen des Arms nicht gut festhalten – bot mir eine junge Frau ihren Sitzplatz an, und ich dachte: »Ey, jetzt reicht's aber wirklich!«

Also beschloss ich, dass diese Diskriminierung von uns allerhöchstens mittelalten Männern ein Ende haben muss!

Ich würde Kolumnen schreiben und später sogar ein Buch. Ein Buch für Ü50-Männer!

Ich nahm mir vor, all meinen gepeinigten Altersgenossen Trost zu spenden und allen Frauen zu sagen, dass sie viel häu-figer mit uns schlafen sollen.

Ich würde dieser jung und verrückt gewordenen Welt entgegentreten und ihr zurufen: »Hört mal, wir Ü50er, wir sind gar nicht alt! Wir sind allerhöchstens in einem schwierigen Alter!«

Zu Hause angekommen skizzierte ich das Grundkonzept. Wie wäre es für den Anfang mit einer Gute-Laune-Liste, auf der ich gewissenhaft alle Vorteile notiere, die so ein Ü50-Leben mit sich bringt?

Ich schnappte mir einen Block, dann schrieb ich:

Sachen, die Ü50 echt super sind!

Ich dachte eine Weile nach, aber mir fiel spontan nichts ein, also nahm ich einen Marker und kennzeichnete den Satz energisch mit Hellblau.

Im Radio lief leise »With A Little Help From My Friends«. Nicht die Beatles, sondern Joe Cocker, eine ältere Version, möglicherweise sogar August 69 in Woodstock. Ich lächelte versonnen. Dann schrieb ich:

Sachen, die Ü50 echt super sind!

1. *Die Oldieprogramme im Radio werden besser.*
2. ...
3. ...

So leuchtend hellblau gemarkert sah diese Auflistung ein bisschen dünn aus. Aber da würde schon noch etwas mehr kommen.

Ich könnte meine Leser aufrufen, mit mir gemeinsam über das Leben nachzudenken. Zusammen würden wir Antworten finden: Warum sind wir Ü50-Kerle immer noch die Helden des Alltags? Trotz renitenter Kinder, trotz Chefs, die immer jünger werden, trotz Frauen, die keinen Sex mehr wollen, und trotz Rentenprognosen, die zunehmend dürftiger ausfallen?

Glauben Sie mir. Wir Ü50-Männer müssen jetzt zusammenhalten. Die Frauen tun es ja auch!

Ein Date mit der Personal-abteilung

Mittwoch ist normalerweise ein guter Tag. Die meisten jungen Leute haben die Nachwirkungen des Berliner Partywochenendes überwunden und arbeiten gelegentlich sogar am Erscheinen der nächsten Ausgabe mit. Die Älteren werden von der Erwartung des nahenden Freitags milde gestimmt. Und in der Kantine gibt es Milchreis.

Doch dieser Mittwoch fing nicht gut an.

Ich hatte bis 1 Uhr morgens an meinem Ü50-Konzept gesessen, danach mehrere Schmerztabletten mit Rotwein hinuntergespült, und als ich nach drei Stunden endlich eingeschlafen war, trieb mich die Blase wieder hoch. Nach meinem ächzenden Ausflug ins Badezimmer konnte ich wieder nicht einschlafen, also warf ich noch eine Tablette ein, obwohl es draußen bereits dämmerte.

In der Folge fühlte ich mich am Morgen ein wenig matt. In der Redaktionskonferenz sackte mir das Kinn auf die Brust und ich hörte mich leise schnarchen. Als ich hochschreckte, waren alle Augen auf mich gerichtet.

Der Praktikant hatte sich krankgemeldet.

In meinem Outlook-Kalender fand sich für 15 Uhr ein Gesprächstermin mit der Geschäftsleitung. Wahrscheinlich hatte ich den Etat für Druckerpatronen überzogen. Ich überziehe dauernd irgendwelche Etats, schreibe der Buchhaltung lange Mails, dass ich ein verdammter Redakteur bin und kein

Erbsenzähler, und biete ihnen an, mich wegen der 27 Papierblätter abzumahnen, die wir letzten Monat nicht doppelseitig bedruckt haben.

Was mich an diesem Outlook-Termin irritierte, war, dass auch die Personalabteilung anwesend sein würde. Was gehen die meine Druckerpatronen an?

Einige Stunden später saß ich niemand Geringerem als dem Personalchef gegenüber. »LeiLa«, sagte dieser, nachdem wir zwei Minuten über Kindererziehung und steigende Immobilienpreise geredet hatten, »es entspricht nicht den Gepflogenheiten dieses Hauses, mit Kaffeedosen auf Praktikanten zu werfen.«

LeiLa, so viel Zeit muss auch in dieser Erzählung sein, ist eine Verballhornung meiner beiden Vornamen Leif und Lasse und wird eigentlich nur von Menschen verwendet, mit denen ich a) zur Schule gegangen bin oder die b) nach einer Flasche Rotwein mit mir schlafen würden oder die c) unangenehme Nachrichten sanft verpacken wollen.

»Der Praktikant?«, fragte ich. »Hat er sich beschwert, der Lümmel?«

»Beim Betriebsrat«, sagte der Personalchef.

»Die Kaffeedose war fast leer«, erwiderte ich ausweichend. »Und ich habe natürlich nicht direkt auf ihn geworfen. Ich habe maximal einen 3-Punkte-Wurf zum Papierkorb angedeutet, und der Doofmann ist da reingelaufen.«

»Ist ja nicht das erste Mal, dass dir die Nerven durchgehen!«, seufzte der Personalchef betrübt. »Wollen wir die Vorfälle echt alle noch mal durchgehen, LeiLa?«

Ich lehnte mich zurück und grub in meinen Erinnerungen.

Da war der Firmen-Laptop, welchen ich samt Tasche per Vollspann durch die Redaktion geschossen hatte, weil ich meiner dezenten Verstimmung Ausdruck verleihen wollte, dass ausgerechnet meine Leute schon wieder den Andruck vermasseln würden. Eine jüngere Mitarbeiterin reagierte verschreckt, als das Ding auf ihrem Schreibtisch landete, aber die hat natürlich keine Ahnung, in was für einem Paradies sie in Wirklichkeit lebt. Mich hat mein erster Chef damals noch mit einer 20 Kilo schweren Schreibmaschine von Adler beworfen.

Auch ein Meeting mit den Marketingleuten schlug vor einigen Monaten Wellen, obwohl ich die Anwesenden lediglich gefragt hatte, ob sie nicht lieber für ihr Abi lernen sollten, anstatt mir hier die Zeit zu stehlen.

Schließlich war da noch jene Kollegin aus der Chefredaktion, die ich »dusselige Kuh« genannt hatte, weil ihr die Genialität meines Schlagzeilenvorschlages nicht einleuchten wollte, weshalb ich mich später in aller Form entschuldigen musste. Als ob nicht Ekel Alfred Tetzlaff diese maximal etwas saloppe Formulierung schon in den 60er-Jahren salonfähig gemacht hätte.

Insgesamt könnten in all diesem Verdruss aber auch meine Haare eine Rolle spielen, die ich seit einiger Zeit in künstlerischen Strähnen durch die Redaktion wehen ließ. Oder die Angewohnheit, mich nur noch dann zu rasieren, wenn ich morgens mit guter Laune aufwachte, was, wenn wir mal ganz ehrlich sein wollen, eher die Ausnahme geworden war.

Außerdem, und hier kommen wir möglicherweise zum Kern der ganzen Angelegenheit: Irgendwann zwischen neulich und heute Vormittag war ich alt geworden!

Um mich herum sind die großartigen Kollegen meiner Generation nach und nach ausgestorben. Ein paar sind Pressesprecher geworden, andere haben PR-Agenturen gegründet, die meisten sind in Rente gegangen. Übrig geblieben sind bloß noch eine Handvoll Veteranen, die sich vom Jungvolk belächelt ächzend in Richtung Ruhestand kämpfen.

So wie ich.

Überhaupt, dieses Jungvolk! Kaum 35 oder 40 Jahre alt und trotzdem von der verwegenen Meinung beseelt, dass es schon als erwachsen anzusehen ist.

Ich betrachte diese Menschen voller Argwohn. Was wissen denn die von den großen Schlachten, die wir vor 20 Jahren geschlagen haben, von unserem reichen Erfahrungsschatz und unserem untrüglichen Gespür für den Leser und das Leben?

In Konferenzen mit dem Jungvolk bin ich mürrisch, übellaunig, besserwisserisch und unerträglich geworden. Wie Waldorf, bloß ohne Statler und leider auch sonst ohne den Witz der *Muppet Show*.

Ich bin jetzt Ende 50, sogar zu langsam, um einen lausigen Praktikanten mit der Kaffeedose zu treffen, und der Zenit meiner Karriere überrundet mich im täglichen Marathonlauf inzwischen mühelos.

»Was soll das hier werden?«, fragte ich.

»So viele Jahre hast du doch gar nicht mehr«, sagte der Personalchef milde. »Was würdest du denn gerne machen, wenn du etwas anderes machen könntest?«

Ich schloss die Augen. So war das also, wenn der Karrengaul zum Abdecker kam. Aber dann fing mein Verstand an, wild zu rotieren.

»Ich könnte Kolumnen für Ü50-Männer schreiben«, schlug ich vor.

Als kein Protest kam, formulierte ich weiter. »Mal ganz im Ernst. Leser über 50. Golden Generation. Babyboomer kurz vorm Abflug in die Rente. Seht mich an: Die sind alle mit mir zur Schule gegangen. Wer soll sich sonst um die kümmern?«

Nach kurzem, intensivem Brüten schob ich eine noch verwegenere Idee hinterher: »Aber ich will im Homeoffice arbeiten, dann nerve ich hier keinen. Und wer mich vor 11 Uhr vormittags anruft, den darf ich anschreien, das hätte ich gerne schriftlich.«

»Da ließe sich vielleicht drüber reden«, sagte der Personalchef.

In der Tür drehte er sich noch mal um. »Du siehst müde aus, LeiLa. Mach doch erst mal Urlaub.«

Als Gott mir sagte:
Du brauchst einen Hund

Da läuft man im Sonnenschein über den perfekten Strand, das Wasser glitzert und die Wellen rollen majestätisch bis zu den nackten Füßen, nur über einen selbst brechen düstere Gedanken herein.

Ist aber auch komisch, dieses Leben jenseits der 50.

Die großen Kinder sind aus dem Haus. Die Jüngste fängt an, sich mehr für Jungs aus ihrer Klasse zu interessieren als für Papa. Die Rentenprognose verkündet, dass die echten Herausforderungen dieses Lebens im Schlussdrittel erst noch kommen werden. Und die letzte Frau, die ernsthaft mit mir geflirtet hat, ist seit ziemlich langer Zeit die eigene und zieht die rechte Augenbraue hoch, wenn ich ihr auf die Nerven gehe.

Neuerdings gehe ich ihr ziemlich viel auf die Nerven.

Homeoffice ist gar nicht so einfach. Mir fehlt die tägliche Routine. Mir fehlen die Kollegen, also beileibe nicht alle, aber ein paar jedenfalls. Mir fehlen die Konferenzen, das spielerische Geplänkel um die beste Schlagzeile und auch das Gefühl, irgendwie noch ein bisschen wichtig zu sein.

Und mir fehlt jede Form von Weisungsbefugnis gegenüber der Frau, die mir kommentarlos Einkaufslisten auf den Schreibtisch legt, verlangt, dass ich ihr Auto in die Werkstatt fahre, den Rasen mähe, schmutzige Kaffeebecher in den Geschirrspüler stapele und meinen Laptop nicht auf dem Frühstückstisch stehen lasse. Dass ich zu arbeiten habe, ist ihr völlig schnuppe.

Seit Jahren haben wir uns eigentlich nur am Wochenende gesehen. Jetzt bin ich zu Hause, wenn sie mittags von der Arbeit kommt, stehe im Weg herum oder bin genervt, weil sie die Tür zum Arbeitszimmer ausgerechnet dann aufreißt, wenn ich gerade einen wirklich brillanten Satz formuliere, bloß weil sie wissen will, ob ich noch schnell zu Edeka fahren kann, denn die Kaffeesahne ist alle.

Ich habe gar nicht gewusst, wie anstrengend so eine 24/7-Beziehung sein kann.

Deshalb habe ich die Frau auch zu Hause gelassen, als ich nach Südafrika in den Urlaub geflogen bin, um meine ersten Kolumnen zu entwerfen.

»Was also ist der Sinn eines Ü50-Lebens?«, fragte ich die Wellen des Südatlantiks, die unbeeindruckt von meiner Laune an den Strand von Kapstadt rollten. »Und wie lange dauert so was eigentlich?«

Machen wir uns nichts vor: 30 Jahre Kippen, Karriere und Kohlehydrate sind kein Kindergeburtstag, und irgendwann werden Arthrose, Übergewicht, Altersdiabetes, Bluthochdruck, Prostatavergrößerungen und andere Bosheiten des späten Lebens schon dafür sorgen, dass auch im Endspurt kein überflüssiger Spaß aufkommt.

Mitten in diese Gedanken baute sich ein nasser Hund vor mir auf, ließ einen Tennisball vor meinen Füßen fallen und blickte mich erwartungsvoll an.

Ich liebe Hunde.

Als ich ein Kind war, hatten wir drei. Mit zunehmendem Alter wuchs meine Sehnsucht, wieder so einen Kameraden zu haben, der die Schnauze auf mein Knie legt, in dessen Mähne ich meine Sorgen wegkraulen kann und der mich bellend dazu bringt, den Arsch hochzukriegen und an die frische Luft zu gehen, wenn ich eh nur trübsinnig auf die Tastatur gucke, weil mir der nächste Satz nicht einfällt.

»Wo kommst du denn her, alter Knabe?«, fragte ich den Hund und sah mich nach seinem Besitzer um.

Doch weder Herrchen noch Frauchen waren in Sicht, also nahm ich den Ball und warf ihn in die Wellen.

Ich nehme an, er war ein Labrador-Mischling, denn er sprang behände über die Brandung, schnappte sich die Filzkugel und surfte gekonnt an den Strand zurück.

»Das macht ja Laune«, dachte ich und warf den Ball, bis mein Arm erlahmte, dann setzte ich mich in den Sand und kraulte meinen neuen Freund.

Er ließ sich das gefallen, drehte den Kopf zu mir und sagte: »Du brauchst einen Hund!«

Okay, vielleicht hätte ich das erwähnen sollen. In der Kapstadt-Region herrschte Hochsommer, ich trug schon den ganzen Tag keinen Sonnenhut, und südafrikanische Hunde sprechen natürlich kein Deutsch, jedenfalls nicht fließend. Ich dachte kurz nach, dann fragte ich: »Das warst gar nicht du, der das gesagt hat, oder?«

Der Hund sah mich mit klugen Augen an, schüttelte sich und trottete in Richtung Dünen, wo ein hagerer Einheimischer auf ihn wartete.

Ich nahm mein Handy und schrieb der Frau eine Whats-App: »Gott sagt, ich brauche einen Hund, schaust du mal bei eBay?«

Knapp drei Wochen nach dieser mysteriösen Begegnung sitze ich wieder in Deutschland, neben mir schnarcht ein Hundefräulein, das Tierschützer aus Rumänien gerettet haben. Über die junge Dame wird in der Folgezeit noch einiges zu reden sein. Über mich wahrscheinlich auch.

Ich fühle mich jünger, seit ich einen Hund habe. Aufgekratzter. Lebendiger. Ein bisschen so wie vor 28 Jahren, als meine große Tochter zur Welt kam. Aber vielleicht liegt das auch nur am Schlafentzug. Auch mein Hundemädchen weckt mich nämlich nachts alle drei Stunden.

Sachen, die Ü50 echt super sind!

1. Die Oldieprogramme in Radio werden besser.
2. Wer einen Hund will, holt sich einen.

Haben Sie schon mal über Hodenlifting nachgedacht?

»Die Ohrenhaare auch schneiden?«

Ich zucke zusammen und frage: »Was?«

Mein Friseur Karl zupft zum Beweis an einem, was ein befremdliches Ziepen tief in meinem Kopf verursacht. Dann steckt er mir etwas ins Ohr, das wie ein Sexspielzeug aussieht und leise brummt.

Ist ja nicht so, dass einen in unserem Alter bloß die Kollegen ärgern. Oder die Frau. Oder die Ärzte. Es ist wirklich demütigend, was vor allem der eigene Körper alles anstellt, um einen maximal mittelalten, in der Blüte seines Lebens stehenden Ü50-Mann der Lächerlichkeit preiszugeben.

- Haare, die nicht mehr auf dem Kopf, sondern aus Ohren, Nasen und auf dem Rücken sprießen.
- Bärte, die in Grau nicht mehr lässig, sondern wie unrasierter Opi aussehen.
- Füße, die immer größer und breiter werden. Doch, doch! Meine Schuhgröße hat in den letzten fünf Jahren um zwei Nummern zugenommen! Glauben Sie nicht? Versuchen Sie doch mal, das Paar anzuziehen, welches seit 15 Jahren ganz hinten im Schrank steht. Ja genau, die schicken italienischen in 44, die Sie zur dritten Hochzeit ihres zweitbesten Freundes anhatten, da kriegen Sie nicht mal mehr die Zehen rein!
- Und sogar die Ohren wachsen! Habe ich irgendwann beim

Rasieren bemerkt. Der Leberfleck über dem rechten Kiefergelenk, der knapp 50 Jahre exakt neben meiner Ohrläppchen-Unterkante logierte, wohnt jetzt ein Stockwerk höher. Mein Hausarzt, den ich diesbezüglich konsultierte, wusste wenig Beruhigendes zu erzählen: Da Hörmuscheln hauptsächlich aus Knorpelzellen bestehen, die sich auch im Alter noch freudig teilen, wachsen sie einfach immer weiter. Bis – »Töröööö!« – die Ohren hängen wie bei Dumbo, dem Elefanten.

Apropos hängen.

Neulich war ich in der Sauna und sah nicht schnell genug weg, als sich der Herr vor mir bückte, um sein Handtuch auf der obersten Sitzreihe auszubreiten. Ich stöhnte leise, und mir fiel ein, was ich kürzlich gelesen hatte und lieber schnell vergessen hätte: Immer mehr Schönheitschirurgen bieten Hodenlifting für den reifen Herrn an, ein Trend, der angeblich aus England zu uns herübergebaumelt ist. Wie es heißt, sei dies auch von medizinischem Nutzen, ältere Herren neigen sonst dazu, sich aus Versehen auf die eigenen Genitalien zu setzen, und jeder, dem das schon einmal passiert ist, wird diese schmerzliche Erfahrung sein Leben lang nicht vergessen.

Aber natürlich gibt es auch Dinge, die mit über 50 kleiner werden. Nein, nicht der Hintern. Nicht der Bauch. Und schon gar nicht das Doppelkinn.

Befragen Sie doch mal Ihre Frau zum Stichwort »Penisretraktion«. Oder gehen Sie mit Ihrem Sohn nach dem Tennisspielen duschen.

Ja, so haben wir alle mal ausgesehen, damals, als »Alter!« nur ein entrüsteter Ausruf war und noch nicht der Zustand unseres Körpers.

Warum ich meinen Sohn nie wieder beim Mau-Mau gewinnen lasse

»Stell das hin, Papa, das ist zu schwer für dich!«

»Aber …«

»STELL! DAS! HIN!«

Verblüfft setze ich die Waschmaschine ab, während der Sohn mich kopfschüttelnd zur Seite schiebt, einen seiner Kumpels heranwinkt und das Teil in die neue Wohnung wuchtet. Ich lasse mich derweil grollend auf das Sofa fallen, das noch im Laster steht.

Der Sohn ist inzwischen 26 Jahre alt, einen halben Kopf größer, und er behandelt mich mit der Herablassung von jungen Kerlen, die mühelos 30 Liegestütze schaffen, sechs Stunden Auto fahren, ohne dabei Pipi zu müssen, und wahrscheinlich jede Nacht Sex haben.

Ganz im Ernst: Hätte ich gewusst, wie gönnerhaft der mal auf mich herabsehen wird, hätte ich den kleinen Scheißer damals nicht immer beim Mau-Mau gewinnen lassen!

Ich lege die Füße auf dem Sofa hoch, sehe den jungen Kerlen beim Kistenschleppen zu und denke darüber nach, wann sich in unserem Vater-Sohn-Ding die Kräfteverhältnisse so dramatisch verändert haben.

Als er acht war, war ich noch sein Held, weil ich mehr Hamburger essen konnte als jeder andere Vater.

Mit 14 fuhr er mir bergauf mit dem Mountainbike davon.

Mit 15 hat er mich zum ersten Mal beim Tennis geschlagen.

Mit 19 kugelte er mir beim Armdrücken die Schulter aus.

Und seit er auch noch fünfmal in der Woche zum Kraft-training geht, darf ich beim Umzug bloß noch die Lampen aufhängen.

Andererseits: Hier im Laster ist es angenehm kühl, meine Schwiegertochter in spe hat Melonenstückchen herum-gereicht, ihr Papa Franz hält mir eine kalte Flasche Bier hin und sagt augenzwinkernd: »Man muss sich doch wundern, wie schlapp diese jungen Leute sind. Schon eine Stunde am Ausladen, und der Lkw ist immer noch halb voll.«

Ich nicke verständnisvoll, dann brülle ich los wie auf dem Kasernenhof: »Los jetzt, ihr Luschen! Dalli, dalli, alles raus aus dem Laster bis auf dieses Sofa.«

Dann stoße ich mit Franz an und frage: »Lust auf eine Par-tie Mau-Mau?«

Sachen, die Ü50 echt super sind!

1. *Die Oldieprogramme im Radio werden besser.*
2. *Wer einen Hund will, holt sich einen.*
3. *Waschmaschinen schleppen jetzt die Jungen.*

Cowboystiefel machen nämlich schlank

So. Hiergeblieben. Nicht überblättern die nächsten Seiten! Wir wollen über Fitness reden.

Jetzt stehen wir nämlich alle mal auf, straffen Kinn und Rücken und nehmen die Schultern zurück. Genau! Wie früher bei der Bundeswehr.

Und dann senken wir den Blick langsam nach unten.

HALT!

NICHT SCHUMMELN!

OHNE VORBEUGEN ODER BAUCH EINZIEHEN!

Na? Konnten Sie gerade Ihre Fußspitzen sehen?

Wenn nicht, gehören Sie zur mit Abstand größten Gruppe Ü50-Männer. Jenen 74,2 Prozent älterer Herren mit einem BMI über 25, die laut Deutscher Gesellschaft für Ernährung als übergewichtig gelten.

Die Gründe für das mysteriöse Verschwinden von Millionen Zehen liegen natürlich auf der Hand. Beziehungsweise auf dem Teller. Beziehungsweise auf dem Sofa. Auf dem Teller liegen nämlich zu viele Kohlehydrate, ganz besonders abends. Und auf dem Sofa liegen wir!

Aber man kann ja was tun. Es kommt halt aufs Bewusstsein an. Und auf den Willen. Und auf jeden kleinen Schritt, den wir in den Alltag einbauen können.

Meine erste größere Offensive für mehr Sport in meinem Leben ist ungefähr drei Jahre her und endete auf dem

Treppenabsatz zwischen den Stockwerken vier und fünf des Hochhauses, in dem ich bis vor Kurzem gearbeitet habe.

Keuchend ließ ich die Redaktionskonferenz sausen. Wer legt so was auch in den 16. Stock?

Zurück auf dem Bürostuhl googelte ich nach Fitness-studios.

Bei Ansicht der Fotos von trainierenden, glücklichen Menschen erwärmte ich mich für den Gedanken, ebenfalls klirrende Gewichte zu stemmen und einen vor Schweiß glänzenden Sixpack zu bekommen. Am Telefon hieß es, ich solle einfach vorbeikommen.

Vor Ort studierte der Herr am Empfang meinen Ausweis und fragte: »Jahrgang 1962? Sie wollen bestimmt in die Herz-Kreislauf-Gruppe. Haben Sie eine Unbedenklichkeitsbescheinigung vom Hausarzt dabei?«

Es war Vormittag. Mehrere nicht unattraktive Frauen beäugten mich und meinen Versuch, sportiv-lässig am Tresen zu lehnen und den Bauch dabei ihren Blicken zu entziehen. Ich packte die Anmeldeformulare ein und entschied spontan, dass ich vermutlich mehr der Typ einsamer Individualsportler bin.

Ich habe mir dann im Internet einen Crosstrainer bestellt. Induktionsbremse, sechs herzfrequenzgesteuerte Programme und gelenkschonende Schwungrad-Ellipse klangen nach angenehm technischer Lösung für mein Bauchproblem.

Doch das knapp 1000 Euro teure Gerät stand nicht lange für mein Work-out zur Verfügung. Kaum hatte es seinen Platz vor dem Schlafzimmerfenster eingenommen, wurde es von der Frau als Kleiderständer requiriert. Inzwischen ist der Crosstrainer voll und wir mussten einen zweiten für ihre Abendkleider kaufen.

Als Ersatz habe ich dann eine kostenlose Fitness-App aufs Handy installiert. Mit integriertem Schrittzähler.

SENSATIONELL, sage ich Ihnen!

Man bekommt ein ganz neues Gefühl für Distanzen und Bewegung. Vom Fernseher bis zum Kühlschrank sind es bei uns zum Beispiel elf Schritte, hin und zurück sogar 22. Ich bin jetzt immer ein bisschen stolz, wenn ich noch ein Bier geholt habe.

Was mir am Ende wirklich geholfen hat?

Cowboystiefel, Größe 48. Diese lässigen Dinger von früher mit den endlos langen Spitzen.

Wenn ich jetzt die Schultern durchdrücke, nach unten blicke und nur ein ganz klein wenig den Bauch einziehe, kann ich mehrere Millimeter Leder erspähen.

Und wissen Sie, was? Es fühlt sich gut an, wieder so richtig durchtrainiert zu sein!

Punk ist nicht tot, Punk muss jetzt bloß nachts dreimal Pipi

Ja, das hätten wir alle nicht gedacht, damals in unserer Jugend. Nicht die Punks, nicht die Rocker, nicht die Alternativen und nicht die Popper. Dass uns eines Tages eine simple Frage eint: »Und, wie oft musst du nachts hoch?«

Nichts wird unter uns Männern jenseits der 50 so resigniert diskutiert wie der Zustand der Prostata. Das allerdings nur, wenn wir schon ein wenig betrunken sind und garantiert keine Frau zugegen ist.

Die Metamorphose unseres einst so stolzen Penis in ein tröpfelndes Wasserhähnchen ist nämlich die peinlichste Erfahrung unseres Lebens, und das Gefühl, schon wieder pinkeln zu müssen, während wir eigentlich gerade noch auf dem Klo sitzen, hätten wir uns vor 30 Jahren in unseren schlimmsten Träumen nicht ausmalen können.

Nach der Beichte klirren die Weingläser, irgendein Witzbold murmelt »PROSTata!« und keiner lacht.

Diese Frage nach dem »Wie oft nachts hoch« wird je nach Altersklasse übrigens völlig unterschiedlich interpretiert.

- Mit Ü20 habe ich jede Unterbrechung des Nachtschlafes erfreut begrüßt, wenn die aktuelle Freundin beim Löffelchenliegen den Hintern in meine Leistengegend drückte.

- Mit Ü30 habe ich im Freundeskreis gesagt: »Nachts hoch? Einmal, zum Wickeln, sonst schläft die Lütte durch!«
- Mit Ü40 habe ich gähnend gemurmelt: »Wie oft ich rausmusste? Um elf hatte der Kleine einen Albtraum und um eins musste ich die Große bei einer Party einsammeln.«
- Mit Ü50 habe ich den tieferen Sinn der Frage nun endlich verstanden. Die Antwort lautet: »Wenn ich nach 18 Uhr noch was trinke, kann ich gleich im Badezimmer schlafen.«

Aber es geht schließlich alles noch viel schlimmer.

Ein Freund erzählte mir, seine volle Blase habe ihn einst zu einem Traum verführt, in dem er achtlos eine Zigarettenkippe wegwarf, worauf wenige Sekunden später seine Schuhe brannten. Er hatte dann den Geistesblitz, das Feuer im Schlaf auszupinkeln. Zum Glück nächtigen er und seine Frau längst in getrennten Betten. Als sie zur Arbeit fuhr, nahm er einen halben Tag frei und kaufte heimlich eine neue Matratze.

Peinsam sind auch die Besuche beim Urologen. Mit Anfang 40 fürchtete man sich vor allem vor dem Kommando »Jetzt bücken«, dem das schnappende Geräusch eines Gummihandschuhs und das Abtasten der Prostata folgten, was unter uns Herren auch verstört »Große Hafenrundfahrt« genannt wird.

Aber selbst hier lässt sich das Entsetzen noch steigern.

Seit ich über 50 bin, gehe ich nur noch in Laufschuhen zum Urologen. Und wenn der Doc nach dem Ultraschall sagt: »Sie haben nach dem Wasserlassen noch Urin in der Blase. Und ihr PSA-Wert ist mir auch zu hoch«, dann wetze ich aus der Praxis, bevor er noch den ersten Gummihandschuh aus der Box gefummelt hat.

Andernfalls schleppen sie dich nämlich zur ersten Prostata-OP, was bekanntlich die ernstesten Folgen haben kann.

Aber das wird bei mir hoffentlich erst Thema, wenn ich Ü60-Bücher schreibe. Dann wird die entscheidende Frage nämlich lauten: »Na? Wie ist es bei dir nach der Operation? Steht noch alles stramm beim Morgenappell?«

Das ist doch hoffentlich nicht mein Ladekabel, das der Hund dort zerkaut?

Die Frau blickt voller Zärtlichkeit zu mir herüber.

Ich denke: »Huch, will die etwa Sex?«

Aber ich habe bloß das Hundebaby auf dem Schoß.

In der Zentralredaktion ärgert sich niemand mehr über mich, und wenn doch, dann bekomme ich das nicht mit.

Auch mich ärgert keiner mehr. Außer vielleicht diese kleine, verfressene, in die Wohnung pinkelnde, aber äußerst niedliche Fellnase, von der ich am Anfang dieses Buches berichtet habe und die mein altes Leben in wenigen Atemzügen weggeschnüffelt hat.

Als Mann über 50 bin ich auf geruhsamen Nachtschlaf angewiesen, der am Morgen idealerweise mit drei Bechern Kaffee und 45 Minuten Zeitungslektüre verklingt.

Seit gut einem Monat entFELLt diese schöne Abfolge angenehmer Tätigkeiten aus verschiedenen winselnden, jaulenden und am Bett kratzenden Gründen. Zudem ist es gar nicht so einfach, sich auf die Zeitung zu konzentrieren, wenn es um einen herum wufft, schwanzwedelt und auch der nackte Zeh verstörende Signale sendet: dass gerade jemand an ihm herumkaut nämlich! Offenbar wippe ich beim Barfußlesen mit dem Fuß, was ein gewisses Raubtier als Aufforderung versteht, seine Jagdinstinkte an meinem großen Onkel zu schärfen.

Aber zum Glück hat es die Natur so eingerichtet, dass Hundekinder wirklich unfassbar süß sind. Man verzeiht ihnen einfach alles. So ähnlich wie diesen anderen Wesen, die einem das Universum für den Rest des Lebens aufs Auge gedrückt hat.

»Ja, ja«, murmelte der Tierarzt, als er unser jüngstes Familienmitglied begutachtete. »Das letzte Kind hat immer Fell.«

Aber ich will gar nicht jammern. Noch vor wenigen Wochen beschwerte ich mich über eine latente Sinnlosigkeit, die sich im Leben über 50 breitmachen kann. Dieses Problem ist gelöst! All mein Denken kreist aktuell nur mehr um ganz konkrete Fragen:

- Wann muss der Hund raus?
- Wie halte ich ihn davon ab, die Katzen aufzuessen?
- IST DAS MEIN LADEKABEL, DAS DIE BESTIE DA ZERKAUT?

Auch in mein schwächelndes Liebesleben hat der Hund ruck, zuck Ordnung gebracht. Sie kennen sicherlich diese, nun, nennen wir es einfach »Imbalance der Bedürfnisse«, die sich nach dem ein oder anderen Jahrzehnt in die Beziehung schleicht:

- Der Mann will Sex, die Frau ihre Ruhe.
- Die Frau will Sex, aber lieber mit Ryan Gosling.

Der Hund hat das für uns geklärt. Niemand will mehr Sex.

Sobald Babybell sich im Körbchen zusammenrollt, fallen die Frau und ich erschöpft aufs Sofa und in komatöse Nickerchen.

Sie wissen schon: Weil da gleich wieder jemand winselt, jault, kratzt und auf den Teppich pinkelt.

Reden wir doch mal über keinen Sex

»Ich vermisse die Zigarette nach dem Sex!«

»Du hast aufgehört zu rauchen?«

»Nein.«

Reden wir also über Sex. Besser gesagt: Reden wir über KEINEN SEX!

Damit kennen wir Ü50-Männer uns nämlich aus.

Aber pssst, lassen Sie uns leise sprechen. Die Wahrheit ist schließlich ein bisschen unangenehm.

Denn wir prächtigen Männer, gewandt, charmant, elegant, edel ergraut und maximal in der Mitte unserer besten Jahre befindlich, wissen oft gar nicht so genau, wann wir zuletzt ein Laken im Nahkampf zerwühlt haben. Außer wenn die Beziehung ganz, ganz frisch ist. Dann war es heute Morgen gleich nach dem Aufwachen und danach noch mal unter der Dusche.

Hat unsere Partnerschaft jedoch einen gewissen, nennen wir es einfach »Reifegrad« erreicht, lautet die Antwort: »Der letzte Sex war möglicherweise nach Ostern, aber ziemlich sicher vor dem Sommerurlaub. Oder andersherum, dann könnte es allerdings auch 2019 gewesen sein.«

Nach 20 Jahren Beziehung oder Ehe wird Leidenschaft schließlich durch andere Werte ersetzt: Vertrauen. Sicherheit. Loyalität. Liebe zu den Kindern. Selbst gemachter Erdbeerkuchen. Und man darf auch mal pupsen vor dem Fernseher.

Früher schmuggelte mir die Frau morgens kleine rosa Zettel mit Herzen oder Kussmündern in die Tasche. Dazu schrieb sie, ich solle zeitig nach Hause kommen, sie habe Sehnsucht.

Die rosa Zettel sind geblieben, aber heute steht darauf: »3 x Milch, Butter, Eier (diesmal bio!!!)«. Wobei die drei Ausrufezeichen davon zeugen, dass sie immer noch eine sehr leidenschaftliche Frau ist und jetzt bloß andere Ventile gefunden hat.

Natürlich, es gibt auch diese anderen Männer. Diese wilden Ü50-Singles, die am Wochenende zechend durch die Kneipen und Clubs der Stadt ziehen, Drinks ausgeben und mit tollen Frauen flirten!

Die haben auch keinen Sex!

Der Unterschied zu uns Kerlen in Einzelhaft ist rein temporär: Wir wissen halt schon bei der *Tagesschau*, wer heute Nacht auf keinen Fall mit uns schlafen wird. Die wilden Jungs erfahren das erst morgens um 3 Uhr, wenn die Party sich langsam leert.

Montags hört sich das alles jedoch anders an. Wenn die Singles uns Partnerschaftsplauzen im Büro erzählen, wie geil das Wochenende schon wieder war.

Wir glauben das dann. Weil wir es glauben wollen. Wir sind da wie die Wähler von Donald Trump. Wir wissen, dass das alles Fake ist, aber es würde uns Hoffnung machen, wenn es wenigstens ein bisschen stimmen könnte.

Apropos Trump. Ich bin ja ebenfalls ein großer Freund von Twitter. Dort habe ich neulich die besorgte Frage einer Frau gelesen: »Wohin gucken Männer beim Sex?«

Darunter standen dann die Antworten von anderen Frauen: »Meiner ganz romantisch in die Augen!«

Oder: »Natürlich immer auf die Brüste!«

Oder: »Hoffentlich nicht auf die Oberschenkel-Cellulitis!«

Ich habe mit den Schultern gezuckt und geschrieben: »Wenn der Abend läuft wie immer, dann in den Laptop!«

Aber kommen wir doch noch mal auf die Zigarette nach dem Sex zurück.

Wenn Sie die wirklich vermissen, hätte ich einen Tipp für Sie. Hören Sie halt auch noch mit dem Rauchen auf.

Sachen, die Ü50 echt super sind!

1. Die Oldieprogramme im Radio werden besser.
2. Wer einen Hund will, holt sich einen.
3. Waschmaschinen schleppen jetzt die Jungen.
4. Ich kann viel länger ohne Sex.

Warum wir Männer
den Valentinstag fürchten

»Und, was kriegt deine Frau zum Valentinstag?«

»Wahrscheinlich Migräne.«

Der 14. Februar, ein Datum, welches wir Männer voller Misstrauen beäugen. Zu oft schon haben wir seinetwegen eins auf den Deckel gekriegt. Zum Beispiel weil wir:

- den Valentinstag vergessen haben.
- in letzter Minute daran gedacht haben, die Zeit aber nur noch für ein paar Tulpen von der Tanke reichte.
- der Frau eine fantastische Espressomaschine gekauft haben, sie aber nur Kamillentee trinkt.
- dachten, ein schöner Kuschelabend mit endlich mal wieder Sex wäre doch auch ein schönes Geschenk.

Warum wir den Valentinstag nicht mögen, haben wir also geklärt. Warum es ihn überhaupt gibt, wollen wir nun untersuchen.

Woher kommt der Valentinstag?

Es gibt so derartig viele heilige Valentins, dass niemand so genau weiß, zu wessen Ehren wir Männer uns eigentlich zum Deppen machen. Grundsätzlich unter Verdacht stehen der heilige Valentin, Bischof von Terni († 268 n. Chr.), wegen christlicher Umtriebe hingerichtet, der heilige Valentin von Rom, der Blumen aus seinem Garten an jeden verschenkte

(† 209 n. Chr.), sowie der heilige Valentin von Trier, der sich um 475 n. Chr. wenig Freunde bei den südlichen Germanen machte, als er deren Sittenlosigkeit in Liebesdingen geißelte.

Wer hat Schuld am Geschenkewahn?

Mal wieder die Engländer! Die Idee, Valentinskarten zu verschicken, entstand Mitte des 18. Jahrhunderts in London, so richtig Speed bekam der »Valentine's Day« aber erst in den USA, die ihn nach dem Zweiten Weltkrieg in alle Welt exportierten.

Womit probieren die anderen Männer ihr Glück?

In Deutschland sucht der Durchschnittsmann sein Heil im Blumenladen. Allein die Lufthansa Cargo fliegt zu diesem Datum rund 800 Tonnen rote Rosen ein.

Bleibt also nur noch eine Frage zu beantworten: Was bekommt denn meine Holde?

Als handwerklich begabter Kreativer werde ich ihr ein Kunstwerk basteln. Wenn sie in die Küche kommt, werden dort eine rote Abwaschbürste, rote Spüliflaschen sowie rote Lappen und Putztücher fein in Herzchenform drapiert warten.

Ich nämlich denke: Wenn die Frau am Valentinstag eh schon sauer auf mich sein wird, fällt ein schlechter Gag mehr wirklich nicht ins Gewicht!

Aus, Klaus!
Mach Sitz, Fritz!

Eine gute Bekannte, nennen wir sie aus Gründen der Diskretion hier einfach Bärbel, hat neuerdings einen Hund. Einen sehr, sehr, sehr niedlichen Australian Shephard. Halbes Jahr alt. So verspielt. So wild. So unerzogen. Scheint ein bisschen der Ersatz für den zuvor entlaufenen Ehemann zu sein. Und seit Fritz (das ist der Hund) im Haus ist, kann ich Klaus (das war der Kerl) viel besser verstehen.

Bärbel und ich gehen oft mit den Hunden raus.

Wenn der Aussie-Welpe beim Spaziergang plötzlich ausbüxt, um die Fährte eines Hasen zu verfolgen, brüllt sie ihm hinterher wie ein Drill-Sergeant dem Rekruten.

Dabei reckt sie das Kinn nach vorne, stemmt die Hände in die Hüften und sieht ein bisschen aus wie Donald Trump bei der Ankündigung eines Atomschlags gegen Luxemburg.

Fritz dreht dann zweifelnd den Kopf und schaut sie aus treuen Aussie-Augen an. Irgendwann kommt er schweren Herzens zurückgetrottet.

Sobald er da ist, wird Fritz an die Leine genommen und fortan hinter Bärbel hergezerrt.

Das kleine Hundekind schaut dann immer sehr zerknirscht und verwirrt. Er ist doch gekommen, als sie gerufen hat, warum, verdammt noch mal, wird er angemeckert und nicht mit einem Leckerli belohnt?

Hundepsychologen nennen dies »negative Konditionierung«. Erwünschtes Verhalten des Hundes wird vom unerfahrenen Hundeführer aus Unkenntnis bestraft.

Irgendwann merkt der Hund sich das. Haut immer noch ab. Kommt aber nicht mehr wieder. Die Halter dieser Wuffis erkennt man daran, dass sie verzweifelt brüllend über Waldwege irren, während ihr Hund einige Kilometer entfernt Jogger und Mountainbiker erlegt.

Haben Sie es mitbekommen? Das war eine Parabel!

Wir alten Kerle, wir gehen ja auch gern mal streunen. Schnuppern an der Freiheit. Entdecken alte Spieltriebe. Wollen noch einmal den Alphahund markieren. Träumen von der Hasenjagd und halten am Tresen große Reden.

Nach dem siebten Wein fahren wir nach Hause und erzählen dem Taxifahrer, was wir früher für scharfe Frauen gehabt haben. Weil wir den Schlüssel nicht ins Schloss der Haustür kriegen, klingeln wir Sturm, wanken zum Sofa und schnarchen unseren Rausch aus.

Leider gibt es viele Ratgeber für Hundeerziehung, aber kaum Tipps für die artgerechte Haltung des Ü50-Mannes, die sich gar nicht so sehr von der eines Australian-Shephard-Welpen unterscheidet.

Die erfahrene Ü50-Halterin deckt ihren Mann nämlich wortlos auf dem Sofa zu, legt sich wieder hin und weckt ihn am nächsten Morgen mit einem Kühlpäckchen für die Stirn, einem sonnigen Lächeln fürs Gemüt, einem Kaffee zur Wiederbelebung und einer Aspirin gegen den Kopfschmerz.

Dann schickt sie ihren Struppi unter die Dusche, und sobald er wieder menschlich riecht, schläft sie mit ihm.

Dies nennt sich »positive Konditionierung«. Quasi das Leckerli fürs Nach-Hause-Kommen, die durchsoffene Nacht wird eh schon durch seine Kopfschmerzen abgestraft.

Glauben Sie mir, er wird irgendwann aufhören zu streunen, sich friedvoll in sein Körbchen legen und von Hasenjagden vergangener Tage träumen.

Manchmal zuckt und wufft er dann im Schlaf. Aber das tun alte Jagdhunde ja auch.

Warum jeder Mann eine Menstruations-App auf dem Handy haben sollte

Frauen haben recht. Immer!

Es sei denn, sie haben PMS.

Dann bist du außerdem ein Arschloch!

Okay, reden wir noch ein bisschen über das, was uns Männer am meisten bewegt. Über Frauen!

Ich als mittelalter Mann habe ja schon einige Lebensmodelle ausprobiert.

- Ich war verheiratet, und das Beste, was sich über diese Zeit sagen lässt, ist: Bis auf meine Rentenpunkte und den Bausparvertrag haben alle Beteiligten überlebt.
- Während der Midlife-Crisis war ich Single, und was ich bei vielen, vielen Dates Absonderliches erlebte, darüber habe ich schon ganze Bücher geschrieben!
- Seit einigen Jahren befinde ich mich nun allerdings in liebevoller und niemals langweiliger Beziehung zur Mutter meiner jüngsten Tochter. Eine wundervolle Frau. Klug, liebevoll, zärtlich, anmutig, der ruhende See aus Verständnis und Geduld im Zentrum meines unsteten Lebens. (Ja, sie liest manchmal mit, wenn ich schreibe, was haben Sie denn gedacht?)

Okay, die Frau ist zum Sport gefahren.

Reden wir also kurz mal Klartext beziehungsweise zitieren wir einen schönen Altherrenwitz:

»Frauen sind wie Orkane. Erst bläst es wie Hölle. Und wenn sie weitergezogen sind, ist das Haus weg.«

Ich denke, dieser Witz handelt nur auf der oberen Erzählebene von Oralsex und Scheidung. Wer auch immer ihn ersonnen hat, schrieb ihn mit hoher Wahrscheinlichkeit an einem Tag nieder, als seine Gattin unter dem prämenstruellen Syndrom (PMS) litt und er nicht rechtzeitig das Haus verlassen hatte.

Ich habe zu diesem Zweck tatsächlich eine Menstruations-App auf dem Handy, in der ich alle Anzeichen schwankender Stimmungen notiere und die mir hilft, geschäftliche Termine, Verabredungen mit Freunden oder Ausflüge mit dem Hund so zu legen, dass ich den Tag überlebe.

Während die Frau mich als sanftes Wesen normalerweise mit einem angedeuteten Heben der rechten Augenbraue wohlwollend durchs Leben dirigiert, drohen mir bei PMS nämlich drei grauenvolle Tage lang:

a. Heulattacken,
b. Wutanfälle,
c. Diskussionen über alles, was ich in den letzten zehn Jahren gesagt habe, gesagt haben könnte oder nicht gesagt, aber eventuell gedacht habe.

An den betreffenden Tagen wird in unserer Beziehung sowohl die Unschuldsvermutung als auch das Strafgesetzbuch außer Kraft gesetzt. Nun gelten ausschließlich folgende Paragrafen:

- § 1: Egal was, es ist meine Schuld.
- § 2: Egal warum, ich habe die Höchststrafe verdient.
- § 3: Egal wie, auch geringe Verfehlungen werden geahndet. Zum Beispiel, dass ich atme.

Als Veteran zahlloser Mann-Frau-Schlachten habe ich natürlich gewisse Abwehrstrategien entwickelt.

Idealerweise bin ich verreist.

Wenn ich nicht verreist sein kann, gebe ich der Frau recht.

Der Frau recht geben, sich vollständig unterwerfen, alle Schuld für alles auf sich nehmen, geduldige Zerknirschung zeigen, die totale Unfähigkeit zum konstruktiven Konflikt einräumen, das macht die Frau völlig hilflos.

Sie heult und tobt dann noch wie der abziehende Orkan, aber irgendwann wird sie müde. Und das ist der richtige Zeitpunkt, um ihr ein Stückchen Notfallschokolade in den Rachen zu werfen.

Schokolade hilft oft.

Eine Umarmung ist auch gut, aber riskanter. Achten Sie dabei unbedingt darauf, dass sich keine spitzen Gegenstände in Reichweite der Frau befinden!

Dieses Kapitel können Sie echt vergessen

Es gibt Leute, die vergessen, wo sie im Parkhaus ihr Auto abgestellt haben. Ich wäre letztens schon froh gewesen, hätte ich auch nur die leiseste Ahnung gehabt, welches Parkhaus ich genommen habe.

Wer von uns Ü50-Männern kennt das nicht?

- Wir suchen unsere Brille. Sie befindet sich auf dem Kopf.
- Wir gehen suchend in die Küche und vergessen, was wir suchen.
- Wir suchen unsere junge, schöne, stets liebeshungrige Freundin, aber dann haben wir gar keine.

Ich habe mich also auf die Suche nach den Gründen für meine Schusseligkeit gemacht, aber den Fehler begangen, dafür das Internet zu nutzen.

Die besorgniserregenden Diagnosevorschläge bei Vergesslichkeit: Demenz, Hirnhautentzündung, Schlafapnoe, Erschöpfungssyndrom, Nierenversagen, Leberzirrhose, Hepatitis, Herzschwäche, Blutarmut, Epilepsie oder Alkoholmissbrauch.

Ich habe die Lektüre verstört beendet, erst mal einen Schnaps in den Kaffee geschüttet und versucht, diese Recherche schnell wieder zu vergessen.

Aber das ist ja das Heimtückische: Wir haben so gut wie keinen Einfluss darauf, was wir behalten und was nicht.

Die Hirnforschung geht davon aus, dass es hilfreich ist, wenn mehrere unserer fünf Sinne gleichzeitig am Speichervorgang beteiligt sind. Wenn wir die Dinge, an die wir uns erinnern wollen, also riechen, schmecken, fühlen, hören und sehen.

Noch besser merken wir uns Ereignisse, wenn wir emotional betroffen sind. Wut, Freude, Trauer oder auch Schmerz sind quasi diese kleinen gelben Zettel mit Ausrufezeichen, die man sich in sein Gedächtnis klebt.

Ich bin also zum Selbstversuch geschritten und habe a) den Haustürschlüssel abgeleckt, b) an meinen seit 20 Jahren nagenden Kummer über den Verfall des HSV gedacht und c) den Kopf krachend gegen das Regal geschlagen, in dem ich anschließend meinen Schlüsselbund versteckte.

Was soll ich sagen: Es hat BESTENS funktioniert!

Die Schlüssel habe ich mühelos wiedergefunden – hatte dann allerdings vergessen, wo bei uns im Badezimmer eigentlich die Heftpflaster liegen.

Aber Vergesslichkeit ist ja keine Schande!

Schon 1885 wies der deutsche Psychologe Hermann Ebbinghaus (1850–1909) in seiner »Vergessenskurve« nach, dass wir bereits 20 Minuten nach dem Erlernen von sinnlosen Sätzen 40 Prozent glatt vergessen haben. Nach einem Tag sind bereits 66 Prozent verschwunden.

Der Mann kannte meine Frau nicht!

Ich bringe es nämlich in nur fünf Sekunden auf 98 Prozent, jedenfalls dann, wenn die Frau erzählt, welche ihrer Freundinnen einen neuen Typen hat, wer gerade versucht, schwanger zu werden, und bei wem es in der Beziehung kriselt.

Manchmal allerdings hege ich den schlimmen Verdacht, dass die Frau meine partielle Gesprächsamnesie gezielt ausnutzt.

Neulich Abend auf dem Sofa begann sie zu plaudern. Ich konzentrierte mich gerade auf die *Tagesschau* und brummte nur hin und wieder zustimmende Laute in Richtung Frau.

Plötzlich trat eine irritierende Stille ein.

Ich blickte auf und erkundigte mich: »Was hast du gefragt?«

Ihre rechte Augenbraue hob sich um etwa zwei Zentimeter und tat mir somit wortlos kund, dass diese Angelegenheit noch lange nicht ausgestanden war. Etwas unsicher wiederholte ich: »Was hast du gefragt? Und was habe ich geantwortet?«

Die Frau lächelte wie die Sphinx. Dann behauptete sie, ich hätte ihr einen neuen Schuhschrank versprochen und dass ich sie am Samstag mit dem Auto zu Ikea fahren würde.

Mit dem Auto zu Ikea!

An einem Samstag!

Ich höre vielleicht schlecht zu, aber ich bin kein Idiot!

Apropos Auto.

Das Rätsel um meinen verschwundenen Wagen ist inzwischen auch gelöst. Ich hatte neulich keineswegs das Parkhaus vergessen. Ich war lediglich mit dem Bus in die Stadt gefahren.

Sachen, die Ü50 echt super sind!

1. Die Oldieprogramme im Radio werden besser.
2. Wer einen Hund will, holt sich einen.
3. Waschmaschinen schleppen jetzt die Jungen
4. Ich kann viel länger ohne Sex.
5. Unangenehme Dinge vergesse ich einfach.

Dieses Mannsein ist ein ewiger Kampf

- Der Nachbar hasst Sie, weil Ihr Hund immer gegen die Weißwandreifen seines Oldtimers pinkelt?
- In der Elterngruppe mag niemand Sie leiden, weil Sie auf besorgte WhatsApp-Nachrichten nur noch mit dieser düsteren Helikoptersequenz aus *Apocalypse Now* antworten?
- Bei Twitter werden Sie gehatet, seit Sie geschrieben haben, Sie hätten nichts gegen Feminismus, solange die Küche sauber ist?

Ja, ja, dieses Mannsein, es ist ein ewiger Kampf!

Wir kämpfen um Erfolg. Um Geld. Um Frauen. Und um einen Ikea-Parkplatz. Letzteres besonders an Samstagen.

Blechlawinen, nervöses Gehupe. Mächtige SUV schieben sich wie Panzerkolonnen zwischen den Einkaufswagen hindurch. Ich entscheide mich für die klassische Kavallerietaktik. Schnelle Vorausaufklärung, dann blitzartige Attacke, sobald sich eine Lücke in der Front auftut.

Kaum habe ich die siebte Runde gedreht, sehe ich die Rücklichter eines ausparkenden Wagens aufflammen. Ich bin nur 10 Meter entfernt und setze triumphierend den Blinker.

Sekunden später ein Adrenalinstoß. Auf der Gegenspur steht ein Konkurrent, auch sein Blinker leuchtet. Dunkler Wagen, junger Fahrer, mehr Testosteron als ich und leider auf der taktisch günstigeren Seite.

Es wird also Kampf geben. Ich balle die Fäuste um das Lenkrad und rolle los.

Und dann geschieht ein Wunder.

Mein Gegner, ein Bursche von vielleicht 19 Jahren, hält an, zeigt erst auf mich, dann auf die Parklücke und hebt die Schultern.

Ich bin verwirrt. Auf so viel Freundlichkeit bin ich emotional nicht vorbereitet. Wir halten Fahrertür an Fahrertür und öffnen die Fenster. Der Typ sieht nett aus.

Ich sage: »Wir waren gleichzeitig hier, oder?«

Er nickt.

Ich frage: »Spielen wir Schnick, Schnack, Schnuck?«

Er lacht.

Wir machen »Schnick«, wir machen »Schnack«, wir machen »Schnuck«. Er hat Stein, ich gewinne mit Brunnen. Wir grinsen uns an wie zwei Hippies, die an Frieden, Freundschaft und Verständigung glauben, dann fährt er davon.

Nachdenklich rangiere ich in die Parklücke. Muss ich mein Weltbild als Mann überprüfen?

Als ich wenig später den neuen Schuhschrank im Kofferraum verstaue, rammt ein älterer Herr meinen Einkaufswagen und hupt mich grimmig an. Ich zeige ihm erleichtert den Mittelfinger.

Als Ü50-Mann bin ich ja nicht so für spontane Veränderungen!

Ich hole mal eben die Penispumpe

Naa? Haben Sie den *Tatort* mit Til Schweiger gesehen? In dem der Rabauken-Kommissar plötzlich ganz sanft, verletzlich und irgendwie total menschlich wirkte und keinen einzigen Fluchtweg mit der Panzerfaust freischießen durfte?

Ich jedenfalls bin peinlich berührt zusammengezuckt, als ausgerechnet Schweiger alias Nick Tschiller in einer hoffnungsvoll beginnenden Sexszene aufhörte, an der Büx zu nesteln, und betreten murmelte: »Ich kann nicht ...«

Hand aufs Herz in der Hose, haben wir das nicht alle schon erlebt? Spätestens jetzt sollten wir also die Schultern straffen und uns dem härtesten Thema stellen, das dieses Ü50-Leben für uns bereithält: der erektilen Dysfunktion.

»Der Versuch, mit einem Seil Poolbillard zu spielen«, nennen wir es schamhaft. Oder: »Mit dem Hänger nicht in die Tiefgarage fahren«. Galgenhumor von Männern, die wollen, aber nicht können.

Passiert übrigens häufiger, als man so denkt. Jenseits der 40 ist nach einer Studie der Universität Köln jeder Zehnte betroffen. Und Ü60 lässt im Bett schon jeder Dritte nicht nur den Kopf hängen.

Die Latte der möglichen Ursachen ist lang: Diabetes, Depression und Arteriosklerose kommen in Betracht, auch Bluthochdruck oder ein Bandscheibenvorfall können zu den Spielverderbern gehören. Dazu gesellen sich die üblichen

Verdächtigen wie Rauchen, Alkohol, Übergewicht und Bewegungsmangel, aber die sind ja eigentlich immer dabei, wenn es darum geht, uns den Spaß am Ü50-Leben zu vermiesen. Nicht zu vergessen Stress, Leistungsdruck und Probleme in der Partnerschaft.

Experten gehen übrigens davon aus, dass es bei den Fallzahlen eine erhebliche Dunkelziffer gibt. Bevor wir DAS nämlich dem Hausarzt beichten, haben wir lieber gar keinen Sex mehr. Dabei geben sich die Krankenkassen wirklich Mühe: Haben Sie gewusst, dass erektile Dysfunktion ganz offiziell als Krankheit anerkannt ist und sogar eine Penispumpe von der Kasse bezahlt wird?

Nun werden Sie sich vielleicht fragen: Was zum Teufel ist eine Penispumpe? Ich habe mich diesbezüglich belesen. Das Teil erzeugt ein Vakuum, welches auf Ihr ehemals bestes Stück einwirkt wie sonst nur ein wirklich intensiver Blowjob. Blut fließt ein, kaum ist es drin, wird es per Cockring daran gehindert, wieder zu entschwinden. Am Ende steht nicht nur der Penis, sondern auch ein hoffentlich erfolgreicher Beischlaf.

Manchmal wäre ich ja schon gern *Tatort*-Drehbuchschreiber für den NDR. Den Satz »Warte, Schatz, ich hole die Penispumpe!« hätte ich meinem Lieblingskommissar auf jeden Fall ins Skript geschrieben!

Warum ich von E-Bikes Kopfweh bekomme

Ich sitze vor dem Laptop und massiere meine Schläfen. Soll es ein Mountain-, City- oder Trekkingrad werden? Will ich Carbon, Aluminium oder Titan, einen Diamantrahmen oder altersgerechten Tiefeinstieg? Müssen Scheibenbremsen wirklich sein? Und reichen 400 Watt für den Akku oder muss ich dann irgendwann schieben?

Ich bekomme Kopfschmerzen. Vielleicht kaufe ich mir doch kein E-Bike, sondern nehme eine Aspirin und lege mich aufs Sofa?

Und all das nur, weil mein Arzt gesagt hat, Fahrradfahren wäre gut für die Gesundheit. Besonders für Ü50-Männer, deren Fußgelenke beim Joggen knacken.

Erst wollte ich das Projekt auf konservative Weise angehen. Ich fand mein altes Hollandrad ganz hinten im Gerümpelkeller, wo es unter zwei Dutzend gefalteter Umzugskartons einige Jahre in Dunkelhaft verbracht hatte. Es war ein bisschen staubig, aber wunderschön. Dunkelgrün, Dreigangschaltung, sehr stabil und mit einem gewaltigen Kindersitz bestückt, in dem vor Ewigkeiten meine älteste Tochter gekräht hatte: »Schneller, Papa, schneller!«

Der Kindersitz war festgerostet. Also schnitt ich ihn mit der Flex vom Fahrrad und schüttelte den Kopf darüber, dass die Große nun auch schon ihren Master gemacht hat.

Während ich Rahmen, Felgen und Speichen polierte, die Kette ölte und die Reifen flickte, schwelgte ich in Erinnerungen an mein erstes Bonanza-Rad. Und an Papa, der jeden Samstag kontrolliert hatte, ob ich es auch ordentlich putze.

Dann rollte ich beschwingt in den sonnigen Herbst hinein. Großartig, wirklich! Ich trat in die Pedale wie einst Jan Ullrich gegen Lance Armstrong in den Pyrenäen.

Gut, ich war nicht gedopt und mein grüner Drahtesel ist kein Rennrad. Aber dass mich am ersten Hang eine sechsköpfige Gruppe schnatternder Senioren überholte, fand ich doch verdrießlich. Erst versuchte ich, keuchend mitzuhalten, dann entdeckte ich die Akkus an ihrem Rahmen.

Ich knurrte: »Verfluchte E-Bikes«, strampelte gekränkt nach Hause und stieß im Internet ganz zufällig auf mehrere Seiten, die auch dem Laien die technischen Feinheiten des elektrisch unterstützten Radelns näherbringen.

Nach wenigen Monaten intensiver Recherche habe ich mich nun entschieden.

Sie fragen sich sicher, warum es ein original holländisches Trekkingrad mit Performance-Motor, 500 Watt Lithium-Akku, 75 Newtonmeter Antriebsleistung, Gasfederung, integriertem Navi, hydraulischen Scheibenbremsen sowie Safety-Bereifung geworden ist?

Sie haben echt gar keine Ahnung von Technik, oder?

Es stand ganz vorne im Laden und der Preis war herabgesetzt.

Testosteron,
Sie wissen schon!

Haben auch Sie so einen Freund, der das Älterwerden verweigert? Dreimal in der Woche ins Fitnessstudio rennt, Halbmarathon läuft und mit dem Mountainbike durch die Alpen strampelt?

Meiner heißt Robert.

Als Jungs haben wir zusammen gesurft, Basketball gespielt und Mädels den Kopf verdreht. Einer von uns beiden macht das meiste davon immer noch. Ich und mein Hüftgold finden dies bedenklich.

Zur Feier seines 58. Geburtstages hatte Robert eine Radtour durch die schleswig-holsteinische Schweiz vorgeschlagen. Ich willigte nur ein, weil ich seit Kurzem Besitzer dieses besagt wundervollen E-Bikes bin. Ich bin ja nicht bescheuert.

Es muss rund um Kilometer 41 gewesen sein, mir tat der Hintern weh und mein Akkustand machte mir Sorgen. Nur noch 36 Kilometer Reichweite, und zurück musste ich ja auch noch … Um Strom zu sparen, fuhr ich die vor uns liegende Steigung eher bedächtig an.

Robert schaute sich unwillig nach mir um, wobei er drei jüngere Herren auf Rennrädern entdeckte, die uns zügig überholten. Er rief mir zu: »Ich warte oben auf dich!«, dann ging er aus dem Sattel wie einst Lance Armstrong und raste den Burschen hinterher.

Etwa 6,5 Kilometer weiter fand ich ihn neben seinem Fahrrad liegend.

»Herzinfarkt?«, fragte ich teilnahmsvoll.

»Hab sie fast gekriegt!«, keuchte er.

Ich sagte: »Wir müssen dringend über einen altersgerechten Testosteronspiegel reden, mein Junge.«

Testosteron, Sie wissen schon, dieses Sexualhormon. Sorgt dafür, dass junge Matrosen morgens auch bei Seegang nicht aus der Koje rollen. Fördert Muskelaufbau, Leistungsfähigkeit und Libido. Hat aber auch Nebenwirkungen. Man muss sich jeden Tag mit allen anderen Jungs kloppen, um zu beweisen, wer eigentlich der Größte ist.

Auf der etwas ruhigeren Rückfahrt gab sich Robert schweigsam. Nach einer Weile sprach er: »Neulich habe ich mir beim Surfen die Schulter gebrochen. Davor alle Sehnen im Knie gerissen. Man fragt sich ja schon: Was ist, wenn das wirklich mal schiefgeht?«

Ich erwiderte: »Dein Problem ist zu viel Sport und die falsche Ernährung. Das treibt den Testosteronspiegel in die Höhe. Aber keine Sorge. Da kenne ich mich aus.«

An einem Landgasthof lotste ich Robert von der Strecke. Er bestellte Salat und Wasser, ich ging dem Kellner hinterher und stornierte die Order. Stattdessen verlangte ich Weißbier, Schweinekotelett mit Bratkartoffeln, zum Nachtisch rote Grütze mit Sahne und zum Kaffee noch etwas Kuchen.

Dann redete ich lange und eindringlich auf Robert ein. Ich verordnete ihm sechs Monate Sportverbot, empfahl ihm viel Fett, Zucker, täglich Weißmehl und vor allem jeden Abend kohlehydratreiches Essen nach 22 Uhr.

»Wenn du Glück hast, siehst du in einem Jahr so aus wie ich«, sagte ich kauend. »Und dann kaufen wir dir ein E-Bike, machen Radtouren zwischen den schönsten Gasthöfen und genießen endlich ein altersgerechtes Leben!«

Winterspeck?
Auf den Grill damit!

Gibt Leute, die sich beklagen, sie hätten über den Winter zu-genommen.

JA, UND? Bei uns startet bald die Grillsaison.

Das Anbrennenlassen von Lebensmitteln aller Art hat für mich Tradition, seit ich meinen ersten mit Surfbrettern be-ladenen VW-Bus auf einen Campingplatz an der Ostsee steuerte, um dort mit Gleichgesinnten auf Wind zu warten, der nie kam. Zum Zeitvertreib stopften wir eine endlose Reihe von verkohlten Grillwürstchen in uns hinein. Zu diesem Zweck erstanden wir dreibeinige Aluschüsseln von der Tanke, die mit 5 Mark so bil-lig waren, dass die Reinigung des Grillrostes den Aufwand nicht lohnte. Nach einiger Zeit war ich in der Lage, diese wackeligen Feuerstellen mit geschlossenen Augen zusammenzubauen, wobei ein Sandhering (für die Schlitzschrauben) und eine Kombizange (für die Flügelmuttern) als Werkzeug reichen mussten.

Mit der modernen Grillstation von heute hat das natürlich nichts zu tun.

Vor Anschaffung meines neuen Hightechgerätes kamen in der Familie Debatten auf, welche Investitionen dringlicher wären:

- Eine Zahnspange für das Kind?
- Ein Auto für die Frau?
- Oder endlich ein ordentlicher Grill für Papa?

Ich recherchierte eine Weile und fand einen Artikel über die Gefahren verfrühter Zahnregulierung sowie einen Blogbeitrag, der vor übereilten Autokäufen in Zeiten des Schummeldiesels warnte. Und schon stand ich im Baumarkt, um einen vierstelligen Betrag in die wirklich wichtigen Dinge zu investieren.

Tatsächlich handelt es sich bei meinem Kauf weniger um einen Grill als um ein komplexes Gasgrillcenter mit vier Hauptbrennern, zwei Nebenbrennern, beleuchteten Drehreglern, temperierter Ruhezone für den Braten, elektrischem Drehspieß und im Deckel integriertem Thermometer. Leider ist all dies so groß dimensioniert, dass nun außer der Outdoorküche und mir niemand mehr auf die Terrasse passt. Aber ich habe Grillen schon immer als etwas Meditatives empfunden, und was gibt es Schöneres, als mit dem brutzelnden Bauchspeck allein unter Sternen zu sitzen?

Nun werden Sie als versierter Ü50-Griller wahrscheinlich fragen: Warum arbeitet der Mann nicht mit Holzkohle so wie alle anderen?

Wie ich vielleicht schon erwähnte, wohne ich in der Nähe von Hamburg, das im Sommer häufig unter temporär auffrischender Luftfeuchtigkeit zu leiden hat. Regengrillen unter der ausgefahrenen Markise gehört zum hanseatischen Standard. Mir wurde es auf die Dauer jedoch zu teuer, die Markise vom Funkenflug in Brand setzen zu lassen, außerdem essen einem die Burschen von der freiwilligen Feuerwehr nach dem Einsatz immer die Würstchen weg.

Zwei Investitionen stehen nun noch aus. In die Vergrößerung der Terrasse und in neues Mobiliar.

Neulich im Herbst, zum Abschluss der letzten Grillsaison,

klemmte ich zur Erheiterung der Familie vollgefressen im Klappstuhl fest.

Und jetzt wissen Sie auch, warum Sie mich mit Ihrem bisschen Winterspeck nicht beeindrucken können!

Warum wir ein Museum für Steinzeitsätze brauchen

»Ich muss auflegen. Mein Vater will telefonieren.«

Jüngere Menschen wird dieser Satz verwirren. Sie als Ü50-Leser kennen ihn natürlich. Die erste Liebe. Eine in die Hand gekritzelte Telefonnummer, die man auswendig lernen musste, bevor fahrig-feuchte Handflächen den Kuli verwischten. Geflüsterte Sätze im eiskalten Wohnungsflur, weil das Telefonkabel nicht bis ins Zimmer reichte. Und dann nur eine Leitung für die ganze Familie!

Die volldigitalisierte Jugend macht sich keine Vorstellungen, was wir damals auf uns nehmen mussten, damit es nachfolgende Generationen überhaupt geben konnte. Nicht nur, dass wir Kontakte jeglicher Art ohne Tinder, Twitter, Facebook oder Instagram anbahnen mussten. Dass uns keine Autokorrektur bei der Orthografie des ersten Liebesbriefes half und kein WhatsApp gnädige Smileys für jede Emotion bereitstellte.

Wir hatten auch weder Smartphone noch Google Maps, die uns zum Date in fremde Stadtteile führten, sondern mussten beim Laufen in seltsam zu faltende Stadtpläne starren und dabei »P7 bis Q8« murmeln.

All das führt zu der Frage: Brauchen wir nicht ein Museum für 70er-Jahre-Sätze, die sonst mit unserer Generation aussterben werden? Zum Beispiel:

- »Verdammt, ich hab vergessen, das Video zurückzuspulen, das kostet wieder 1 Mark Strafe.«
- »Ich konnte nicht anrufen, in der Telefonzelle war der Hörer abgerissen.«
- »Ich mach jetzt kein Foto. Hab nur noch drei Bilder auf dem Film.«
- »Bandsalat! Gib mal den Bleistift für die Kassette rüber.«

Eine neulich von Langenscheidt durchgeführte Wahl zum Jugendwort des Jahres weckte ohnehin Zweifel daran, ob wir generationenübergreifend überhaupt noch die gleiche Sprache nutzen. In den Online-Top-Ten fanden sich Vorschläge wie:

- »Du bist so verbuggt« (du hast so viele Fehler, du nervst).
- »Du Lauch« (Trottel).
- »Das ist sick as fuck« (z. B.: Die neue Netflix-Staffel ist irgendwie seltsam).
- »Du Ehrenmann, du Ehrenfrau« (jemand, der etwas Besonderes für dich tut, dies wurde dann Jugendwort des Jahres).
- »Ich küss dein Auge« (danke).

Aber hören wir noch mal rein in die letzten Sätze unseres Telefongesprächs.

»Du legst auf!«

»Nein, du legst auf.«

»Ich leg ganz bestimmt nicht auf.«

Aus gut unterrichteten Quellen innerhalb der aktuell pubertierenden Generation weiß ich zu berichten: Dieser über die Jahrzehnte in Stein gemeißelte Dialog wird noch heute geführt! Und zwar nicht nur, wenn sich zwei faule DJs über den Ablauf des nächsten Arbeitstages streiten!

Wieso verschicken Männer Penisfotos?

Und, wie haben Sie damals das Herz Ihrer Freundin erobert?

Ich zum Beispiel schnitt vor 40 Jahren in stundenlanger Arbeit ein Mixed Tape der schmusigsten Lionel-Richie-Songs zusammen und schenkte es Susanne. Zur Belohnung erhielt ich einen scheuen Kuss und wir wurden für drei Monate ein Paar.

Heute hat sich das Balzverhalten des geschlechtsreifen XY-Chromosomenträgers geringfügig gewendlert.

Spätestens seit auf Twitter das Foto eines Ballermann-Barden kursierte, auf dem dieser mit verstrubbeltem Haar am erigierten Penis vorbei in die Kamera linste, müssen wir uns der Erkenntnis stellen: Jüngere Generationen von Männern haben bei der zarten Werbung um die Gunst der Frau ganz neue Wege erschlossen. Sie verschicken sogenannte Dickpics.

Ein Trend, der Fragen aufwirft:

* Warum machen Männer das?
* Was sagen eigentlich Frauen dazu?
* Und wie stellt man überhaupt ein Dickpic her? Den Fotografen von nebenan werden schließlich die wenigsten fragen wollen.

Wie gut, dass ich in diesem Buch auch heiße Eisen anpacke und sogleich nach passenden Antworten gesucht habe.

- In einer britischen Studie gaben 46 Prozent der Frauen an, schon einmal so ein Penisfoto erhalten zu haben, in 89 Prozent der Fälle allerdings unaufgefordert.
- Bei einer Onlinebefragung erklärten 82 Prozent der Dickpic-Verschicker, sie hofften, die Empfängerin mit dem Foto anzutörnen, 43,6 Prozent erwarteten, im Gegenzug ebenfalls ein Nacktfoto zu bekommen. Nicht überliefert ist, ob das in den letzten 100 Jahren tatsächlich schon mal geklappt hat.
- Der Trend zum Penisfoto veranlasste sogar den *Playboy*, die Anleitung »In 13 Schritten zum Dickpic« zu veröffentlichen, in der allerlei Tipps zum geschmackvollen Arrangement von Licht und Lümmel gegeben werden.

Wem dies zu anstrengend oder zu wenig aussichtsreich erscheint, dem kann ich nur raten: Vielleicht versuchen Sie es ja doch noch mal mit einem Mixed Tape.

Muss ja nicht Lionel Richie sein. Im Moment soll Ed Sheeran ganz ordentlich funktionieren.

Altersstarrsinn?
ICH! DOCH! NICHT!

»Sag mal, brauchst du eine Lesebrille?«

Empört tauche ich hinter meiner Zeitung auf und frage pikiert: »WARUM?«

Die Lebensgefährtin nimmt ein Taschentuch und reibt mir wortlos ein wenig Druckerschwärze von der Nasenspitze. Ich überlege fieberhaft und behaupte: »Die Verlage wollen Papier sparen, da drucken sie die Texte kleiner.«

Geht Ihnen das auch so?

Seit man mich zur Ü50-Generation zählt, behaupten dauernd irgendwelche Leute, dass ich schlechter sehe, schwerer höre und beim Spaziergang lauter schnaufe.

Und was mache ich?

Ich sage »Quatsch!« und dementiere so entschlossen, dass ich am Ende selbst glaube, noch ganz der Alte zu sein.

Nehmen wir zum Beispiel diese lästigen Flecken in den Oberhemden!

Ich habe schlicht keine Ahnung, warum seit einiger Zeit größere Teile meiner Nahrung beharrlich auf Höhe des fünften Hemdknopfes landen. Früher hatte man eine Serviette auf den Oberschenkeln liegen, aber bis dort fällt die Spinatlasagne gar nicht mehr hin!

Die von mir entwickelte Theorie lautet, dass die männliche Leibesmitte jenseits der 50 einfach ein stärkeres Gravitationsfeld erzeugt.

Ich finde meine Theorie jedenfalls plausibel und habe mir – so wie die meisten Herren in meinem Alter – einige etwas weitere Strickjacken zugelegt. Vor dem Essen Reißverschluss auf. Nach dem Essen Reißverschluss zu. Aufs Hemd gekleckert? Ich doch nicht!

Oder nehmen wir meine Versuche, Sport zu treiben.

Als ich neulich auf einem einsamen Waldweg joggen wollte, musste ich feststellen, dass meine Beine zwar energisch nach vorne strebten, aber die Bauchregion irgendwie unrhythmisch von unten nach oben federte, was mir ein äußerst unsportliches Körpergefühl vermittelte.

Zunächst gab ich dem unebenen Waldboden die Schuld. Erst als ich später die Produktbeschreibung der neumodischen Joggingschuhe las, ging mir ein Licht auf: Mit Gelkissen-Federung, aufprallreduzierender Zwischensohle und einem Luft-Gas-Gemisch unter der Ferse muss sich Joggen zwangsläufig anfühlen, als würde man sich mit zwei Babyelefanten ein Wettrennen auf einer Hüpfburg liefern.

»Geh mal zur Seite, Papa!«, sagte neulich der Sohn, als wir einige Steinplatten für den Terrassenausbau aus dem Baumarkt holten. Ich knurrte: »Das geht schon«, und griff energisch zu, bevor ich – von einem flammenden Schmerz im Kreuz bezwungen – leise jammernd in die Knie sank.

Der Sohn nahm meine Steinplatten und legte sie kopfschüttelnd auf den Einkaufswagen.

Er hat mich dann zum Orthopäden gefahren. Als die Schwester an der Anmeldung fragte: »Was hat Ihr Vater denn?«, antwortete er: »Altersstarrsinn!«

Vielleicht brauche ich ja doch eine Lesebrille. Um mein Testament neu aufzusetzen.

Sie würden so einen Sohn doch auch enterben, oder?

Sachen, die Ü50 echt super sind!

1. Die Oldieprogramme im Radio werden besser.
2. Wer einen Hund will, holt sich einen.
3. Waschmaschinen schleppen jetzt die Jungen.
4. Ich kann viel länger ohne Sex.
5. Unangenehme Dinge vergesse ich einfach.
6. Wir sind gar nicht starrsinnig, wir wissen es wirklich besser.

Swingerklub ist auch Beschiss! Die spielen da gar keinen Jazz

Hat nicht jeder so einen ganz speziellen Freund? Also, schon ewig, aber nur für Musik? Der jede Platte von jeder Gruppe kennt, jeden Gig in der Stadt und immer an Karten kommt, auch wenn schon alles ausverkauft ist?

Meiner heißt Richard, wir wären 1980 fast durchs Abi gerasselt, was vielleicht daran lag, dass wir so viele Stunden schwänzend vor seinem Plattenspieler verbrachten, wo er Texte der Doors rezitierte und erzählte, dass Jim Morrison zwar bis heute als Erfinder des »Stagediving« gilt, aber nach Richards Informationen einfach im Drogenrausch von der Bühne gekippt ist.

Richard und ich haben uns nach dem Abi aus den Augen verloren, aber nach 20 Jahren fanden wir uns beim Jahrgangstreffen wieder.

Neulich saßen wir zu den psychedelischen Klängen von Pink Floyds »Shine On You Crazy Diamond« zusammen. Plötzlich fragte er: »Warst du schon mal in einem Swingerklub?«

Ich kämpfte gerade mit dem Korken der nächsten Weinflasche und rechnete ihm die aktuelle Konzertbilanz vor: »Die Stones haben 254 Euro für eine Karte gekostet, Eric Clapton hat uns 221 abgeknöpft, für U2 gehen noch mal 240 über den Tisch. Ich bin doch nicht Krösus, Junge!«

»Swingerklub ist billiger«, meinte Richard und guckte irgendwie komisch.

»Jazz ist ja nicht so meins«, antwortete ich skeptisch.

Richard rollte mit den Augen, nahm mir die Flasche weg und sagte: »Bist du betrunken? Los, komm mit.« Ich rappelte mich auf und dachte: »Was soll's, wenn die Musik scheiße ist, geh ich halt wieder.«

»Das ist ein Swingerklub?«, fragte ich eine halbe Stunde später zweifelnd. »Ich hör nix.«

An der Kasse hing ein Schild: »100 Euro für Herren, 50 für Pärchen, 10 für Frauen ohne Begleitung.« Ich fand das befremdlich, wo bleibt denn da die Gendergerechtigkeit?

Der Klub selbst war nicht übel, alles ziemlich chillig, viele Sofas und sogar Matratzenlager, ein bisschen wie früher im legendären Grünspan auf Hamburg-St. Pauli.

»Wer spielt hier überhaupt?«, fragte ich Richard. Er zeigte mir einen Vogel und knurrte: »Hoffentlich gleich ich!« Dann verschwand er im Nebenraum.

Ich nahm mein Bier und stellte mich fingerschnippend in die Mitte des Raumes, denn irgendwer musste ja mal anfangen, die Stimmung aufzulockern. Doch nach zehn Minuten kam immer noch keine Jazzband, sondern »Atemlos« von Helene Fischer. Also ging ich Richard suchen.

Ich fand ihn in einem abgedunkelten Raum, er und eine Frau knieten auf dem Boden, ich fragte: »Kontaktlinse verloren?«

Richard schlug dann vor, dass ich besser nach Hause gehe. Ich zuckte mit den Achseln. Denn mein Fazit stand eh fest: Swingerklub ist voll Beschiss, die spielen da gar keinen Jazz!

Wie eine App meinen Ruf als Musikpapst ramponierte

Liebe Ü50er, es ist an der Zeit, dass wir über Unfehlbarkeit reden. Leider über meine.

Ich war mit dem Auto unterwegs und hörte einen Hamburger Radiosender, der sich rühmt, ausschließlich Rockmusik zu spielen, was an und für sich durchaus lobenswert ist.

Neben mir daddelte der erwachsene Sohn, der zum Glück Fragmente meines erlesenen Musikgeschmacks geerbt hat, am Handy. In seiner frühen Jugend hörten wir beim Autofahren Smetanas *Moldau*, später lehrte ich ihn, U2 und Pink Floyd zu lieben, und als Eric Clapton in Hamburg spielte, verlangte er, mitkommen zu dürfen, was mich stolz machte, aber leider auch ziemlich arm, denn es gab nur noch Karten ganz vorn in der Mitte.

»Was ist das?«, fragte der Sohn und drehte das Autoradio lauter.

Ich wusste sofort: Diese Gitarrenriffs kenne ich! Auch Bruchstücke des Textes waren da. Mir schien sogar, ich hätte das schon mal bei einem Konzert laut und falsch mitgesungen, aber ich hatte keine Ahnung mehr, wann und wo.

Ich gebot dem Sohn zu schweigen und lauschte der verrauchten Stimme. Aber es blieb dabei. Ich hatte keinen Schimmer, was mir gelinde gesagt peinlich war.

»Naaaaa?«, hakte der Junior nach, und ich hörte eine Spur Aufbegehren gegen meine Stellung als familiärer Rockpapst.

Also sagte ich: »Zappa!«

»Wer?«, fragte der Sohn.

Ich brummte: »Frank Zappa. Ziegenbärtchen. Freak. Um die 100 Alben. Man braucht Jahre, um alle seine Sachen zu hören. Auch schon 25 Jahre tot.«

Der Sohn vertiefte sich wieder in sein Smartphone, und ich hoffte, mich durchgeblufft zu haben.

Dann erklang vom Beifahrersitz: »Zappa, wie?«

»Nicht?«, fragte ich.

»›Word Up‹ von Gun!«, erklärte er triumphierend.

Ich murmelte: »Wer behauptet denn so was?«

»Shazam«, sprach er, und es klang wie ein Gottesurteil.

Zu Hause lud ich die Musikerkennungs-App, gegen deren Verwendung ich mich jahrelang sträubte, herunter. Stets hatte ich behauptet, gute Musik würde ich selbst erkennen, da bräuchte ich keine App, die mir erklärt, wer den ganzen anderen Mist gespielt hat.

Später bemühte ich Google, und siehe da: »Word Up« von der schottischen Rockband Gun hatte ich noch nie gehört, was ich als lässliche Sünde einstufen würde, schließlich hatten die Jungs 1986 die Charts wirklich nur im Vorbeiflug kurz gekratzt und waren dann wieder in der Versenkung verschwunden.

Aber in den 80er-Jahren hatte ich zum souligen Original von Cameo getanzt und später zu einer Version des deutschen Funk-Fürsten Jan Delay auch live, laut und falsch mitgesungen. Letzterer hatte den Titel »Türlich, türlich« genannt und ihm mit den epischen Versen »Wir brauchen Bass, Bass« zu neuer Berühmtheit rund um die Hamburger Reeperbahn verholfen.

Seit meiner digitalen Läuterung halte ich nun häufig mein Handy in Richtung Radio und forsche nach neuen Musikgeheimnissen. Gestern zum Beispiel riss ich die Kinderzimmertür der jüngsten Tochter auf, weil dahinter statt der üblichen Schmuse-Muse eine recht ruppige Bassline erklang, zu der jemand die Farbe »Indigo« besang, ein Song, den ich nun überhaupt nicht unterbekommen konnte.

Ich startete Shazam und erfuhr, dass ausgerechnet Deutschlands puscheligste Kuschelband Silbermond manchmal sogar recht hörbare Rockmusik macht.

Ich strich meiner kleinen Tochter übers Haar und fragte: »Magst du das?« Sie war so in der Musik versunken, dass sie mich gar nicht beachtete. Also zog ich leise die Tür zu und flüsterte: »Weiter so, Schätzchen, vielleicht wirst du ja auch mal Rockpapst wie Papa!«

Gebrauchter Füller
zu verkaufen

Auf dem Küchentisch brummt das Handy. Klingt ein bisschen wie vergessener Vibrator. Ist aber bloß die WhatsApp-Gruppe für Grundschuleltern.

Fünf neue Nachrichten. Malte hat seinen Füller verloren. Mia-Mama, FrauMeier und Claudi2 haben betrübt schauende Smileys geschickt, Anke und Norbert sagen, dass sie darüber leider gar nichts wissen, dafür aber einen Gummistiefel von Ann-Kathrin vermissen. Ich finde die Diskussion bisher wirklich lasch und beschließe, ein wenig Schwung in die Angelegenheit zu bringen.

WhatsApp – quasi der SUV unter den Messenger-Apps! Sinnlos, nervig, ressourcenfressend, aber alle machen mit.

Und ich, ich liebe diese App!

Elf Nachrichten. Maltes Füller ist immer noch abgängig. Ich befeuere die Diskussion mit der Frage: »Weiß jemand was über Mathehausaufgaben auf Seite 23?« Die Klasse ist erst auf Seite 14, das sollte für Stimmung sorgen.

Braucht ein erwachsener Ü50-Mann überhaupt WhatsApp? Einige von uns Best Agern sagen: Sicher nicht! Man kann ja auch telefonieren. Oder SMS schreiben. Oder E-Mails. Die haben halt keine Ahnung, welches Loriot'sche Potenzial in aus dem Ruder laufenden Gruppendiskussionen steckt.

27 Nachrichten. Ich heize die Stimmung weiter an und frage, ob man den Kindern in der kalten Vorweihnachtszeit

lieber Glühwein mitgibt oder es bei Alcopops belassen sollte, damit sich die Kleinen nicht umgewöhnen müssen.

WhatsApp meldet sich mit dem von mir gefürchteten »Jaaa-Huuuu«-Signal, welches Nachrichten der Frau vorbehalten ist. Sie hat mein Treiben verfolgt und ermahnt mich, keinen weiteren Schabernack in der Grundschulgruppe zu treiben. Stattdessen sollte ich lieber einkaufen gehen. Den Einkaufszettel hat sie mir als Foto mitgeschickt. Ich seufze. Das ist der Nachteil an digitaler Kommunikation. Man ist einfach zu viel verfügbar.

Ich schließe meinen Vormittag in der Elterngruppe mit zwei kurzen Nachrichten:

»Gebrauchter Füller zu verkaufen, 5 Euro!«

Und: »Ups, sorry, falsches Fenster!«

Das sollte die Gruppe beschäftigt halten, bis ich vom Einkaufen zurück bin!

Warum ich eine Frau mit Hohlkreuz brauche

Kaffeetafel. Erdbeerkuchen. Die schwangere Nachbarin erzählt, wie froh sie ist, ihren Bauch bald loszuwerden. Ich nehme noch einen Klecks Sahne, streichele meinen und flüstere: »Keine Angst, Kleiner, du darfst bleiben!«

Der Frühling bringt es ans Licht. Beim Nachbarn von rechts spannt das Polohemd über der Taille. Auch der von schräg gegenüber trägt das XL-Shirt neuerdings locker über der Jeans.

Ich weiß natürlich, warum!

Zwischen Hemd und Büx festgezurrte Männerbäuche verhalten sich zum Hosenbund wie der gelangweilte Rentner zur Balkonbrüstung: Bei jeder unpassenden Gelegenheit lehnen sich beide nach draußen und gucken grundlos in die Gegend.

Sie merken schon. Ich achte wirklich sehr auf die Figur. Nur halt nicht auf meine eigene.

Früher ruhte mein prüfender Blick auf Vertreterinnen des weiblichen Geschlechts. Heute scanne ich andere Ü50-Männer. Dabei denke ich Sachen wie: »Oh mein Gott, das ist ja ekelhaft!« Womit ich ausschließlich durchtrainierte, flachbäuchige Männer meines Alters meine, die ihre beklagenswerten Leben in Fitnessstudios und bei Halbmarathons verbringen.

Am liebsten sind mir Freunde, die ich beim Wiedersehen mit »Alter, du hast aber zugelegt!« begrüßen kann und die mir zur Erwiderung freundschaftlich auf die Bauchpartie klopfen. Manch einer feixt bei dieser Gelegenheit: »Ja, ja, jeder Arbeitslose sollte ein Dach über dem Kopf haben!« Die Frauen rollen dann mit den Augen.

Nach dem Nachmittagskaffee kümmern wir Männer uns um Bier und den Grill. »Und worüber schreibst du nächste Woche?«, will einer wissen. Ich lasse den Blick schweifen und frage: »Was denkt ihr eigentlich über Männerbäuche?«

Einige Nackensteaks später haben wir belastbare Ergebnisse dieser Umfrage zusammen. Sie lauten:

Männerbäuche sind sehr nützlich, weil ...

a. die Babys nicht runterkullern, wenn die Kinder mit den ersten Enkeln kommen.
b. die Hunde nicht so schnell fett werden, da man beim Essen weniger auf den Boden kleckert.
c. man beim Grillen seinen Teller darauf abstellen kann, wenn man die Hände braucht, um ein neues Bier zu öffnen.

Aber bevor Sie jetzt jubilieren, liebe Leser: Bäuche können d) auch sehr gefährlich sein! Wenn man gerne Löffelchen liegt zum Beispiel, aber keine Frau mit Hohlkreuz hat. Dann muss man sich nämlich scheiden lassen.

Frauen mit geradem Rücken drücken am Bauch.

Sachen, die Ü50 echt super sind!

1. Die Oldieprogramme im Radio werden besser.
2. Wer einen Hund will, holt sich einen.
3. Waschmaschinen schleppen jetzt die Jungen.
4. Ich kann viel länger ohne Sex.
5. Unangenehme Dinge vergesse ich einfach.
6. Wir sind gar nicht starrsinnig, wir wissen es wirklich besser.
7. Einen Bauch haben macht endlich Sinn.

Wie PowerPoint bei tropfenden Abflüssen hilft

»Mädels, wenn ein Mann sagt, er macht das, dann macht er das – da müsst ihr nicht alle sechs Monate nachfragen!«

Missmutig betrachte ich die Sprüche-Postkarte, die aufreizend an meinem Kaffeebecher lehnt. Als beiläufige Heiterkeit getarntes Rumgenörgel, das ist doch wieder typisch Frau! Dabei tropft der Abfluss der Spüle allerhöchstens seit 14 Monaten.

Als das Problem erstmals auftrat, lag ich im Halbschlaf auf dem Sofa, und mein gemurmeltes »Ich kümmere mich darum« diente einzig der Vermeidung längerer Diskussionen. Dabei habe ich keinerlei Ahnung von Abflussrohren und auch keine Neigung, mich als Amateurklempner zu betätigen.

Mein erster Reparaturversuch wenige Monate später stellte die Frau nicht zufrieden. Sie behauptete, ein um das tropfende Rohr gewickeltes Küchentuch sei keine fachmännische Problembehebung, außerdem hätte ich dafür nicht das handbestickte Leinentuch nehmen sollen, welches Tante Hilde uns geschenkt hat. Auch der zur Nachbesserung unter das Rohr gestellte Feudeleimer fand nicht ihre Billigung.

Ich beschloss, das Problem outzusourcen, allerdings war keiner der örtlichen Gas-und-Wasser-Installateure bereit, uns für drei Minuten Arbeit und eine neue Dichtung im Wert von 35 Cent mit einem Hausbesuch zu beehren.

Also machte ich es so, wie ich es im Job gelernt hatte: Ich stellte ein Einmannprojektteam zusammen, bereitete eine PowerPoint-Präsentation vor, kaufte einen Beamer und berief ein Kick-off-Meeting ein, an dem neben der Frau und mir auch noch der Hund teilnahm.

Dort warb ich für eine intelligente, ressourcensparende und nachhaltige Problemlösung, die allerdings keine Mehrheit im familiären Küchenkomitee fand. Die Frau lehnte es kategorisch ab, dass wir Pfannen und Töpfe künftig in der Badewanne spülen, auch wenn diese über einen hervorragend funktionierenden Abfluss verfügt.

Doch wenn ein Mann sagt, er macht das, dann macht er das!

Gestern war ich im Möbelhaus. Die neue Küche kommt in acht Wochen, was gleich mehrere meiner Probleme löst: Ich hatte eh noch kein Geschenk für den Geburtstag der Frau. Und die alte Küche roch rund um die Spüle wirklich schon ein bisschen muffig.

Wie unsere Küchenpalme
in die Wechseljahre kam

»Wusstest du, dass auch Männer in die Wechseljahre kommen?«

Die Frau raschelt erfreut mit der Zeitung, ich seufze leise. Es kommt selten Gutes dabei heraus, wenn sie medizinische Ratgeberseiten in die Finger kriegt. Normalerweise entferne ich diese, sobald ich die Zeitung aus dem Briefkasten hole.

Missmutig nippe ich an meinem Brennnesseltee. Soll Prostataleiden lindern und schmeckt einfach scheußlich.

»So ein Quatsch!«, sage ich zur Titelseite, hinter der die Frau wieder verschwunden ist. »Wechseljahre sind weiblich. Wir wechseln höchstens mal die Ehefrau, wenn das Vorgängermodell anfängt, nervig zu werden.« Wenn die Frau liest, kann ich so lästerliche Sachen sagen, sie hört dann ohnehin nicht zu. Während ich rede, kippe ich den Brennnesseltee in die Küchenpalme.

Hinter der Zeitung wird erbarmungslos weiter vorgelesen: »In den Wechseljahren, bei Männern auch ›Klimakterium virile‹ genannt, sinkt die körpereigene Testosteronproduktion um 1,2 Prozent pro Jahr. Müdigkeit, Hitzewallungen, vermehrtes Bauchfett, nachlassende Muskelkraft, immer weniger Lust auf Sex. Sei mal ehrlich: DIE HABEN HIER ÜBER DICH GESCHRIEBEN!«

Ich schnaube ärgerlich: »Ich habe sehr wohl Lust auf Sex, aber die ganzen 25-Jährigen stehen halt nicht auf mich.«

Die Frau lässt die Zeitung sinken und schaut mich fürsorglich an. »Hier steht, da helfen Verzicht auf Tabak und Alkohol …«

Ich verziehe das Gesicht.

»Und Sport und Bewegung …«

Mir ist völlig klar, wie das weitergeht, also täusche ich einen Schlaganfall vor und stelle mich tot.

»Außerdem helfen Brennnesseltee, Johanniskraut, Melisse, Hopfen und Baldrian.«

Während ich der Frau resigniert meinen Becher hinhalte, mustere ich verstohlen die Küchenpalme, die in ihrer Pfütze traurig die Blätter hängen lässt. Ist wahrscheinlich in den Wechseljahren, das arme Ding. Ich sollte beizeiten eine neue kaufen.

Jetzt ist sogar Woodstock schon Ü50!

»Flap, flap, flap!«

Wenn Sie alt sind, kennen Sie dieses Geräusch. Ein Tonbandgerät, das Band ist durchgelaufen, das lose Ende flattert durch die Nacht, bis jemand eine neue Spule einlegt. In meinem Fall eine, auf der »Woodstock« steht.

Ja, über Woodstock rede ich gern. Love & Peace, Widerstand gegen den Vietnamkrieg, Hippies, Drogen, Sex!

Woodstock (das nicht in Woodstock stattfand, sondern auf einer Farm nahe Bethel im US-Staat New York), das war 1969 für die Jugend, was 1954 das Wunder von Bern für die deutsche Fußballerseele gewesen ist: ein magischer Moment, der für immer einmalig bleiben wird.

Im August 2019 ist Woodstock 50 Jahre alt geworden. Das gab mir einen Stich und das Gefühl: Scheiße, jetzt werde ich aber wirklich alt.

Dabei bin ich eigentlich viel zu jung für Woodstock. Als im Sommer 69 die Musikwelt in freier Liebe und Schlammwüsten versank, war ich gerade eingeschult. Besagtes Tonbandgerät mit säuberlich beschrifteten Woodstock-Bändern kam erst 15 Jahre später in meinen Besitz. Als mein Hippie-Schwager seine Musiksammlung auf CD umstellte und sich von diesem Schatz voller rauschender Legenden trennte.

Nächtelang hörte ich Jimi Hendrix, The Who, Janis Joplin, Joe Cocker, Joan Baez, Grateful Dead und Santana. Ich spürte die sonderbare Kraft, die entsteht, wenn so viele junge Menschen gleichzeitig aufbegehren.

Ich las alles, was ich über Woodstock in die Finger bekam. Es ranken sich so wunderbare Geschichten darum.

- Schon Tage vorher drängten sich Hunderttausende auf dem Gelände. Weil es am Eröffnungstag nicht mehr möglich war, diese Menge bekiffter und ungewaschener Menschen an Kassenhäuschen vorbeizuschleusen, blieb Woodstock gratis und die Veranstalter machten 1,3 Millionen Dollar Miese.
- Die Versorgung der 450 000 jungen Leute brach zusammen. Per Hubschrauber mussten Notrationen der Army eingeflogen werden. Und beglaubigte Barschecks! Viele Bands weigerten sich angesichts des Chaos, ohne Vorkasse zu spielen.
- Der weitgehend unbekannte Folksänger Richie Havens bestritt den ersten Gig, als er fertig war, hatte es keine einzige andere Band über die verstopften Straßen bis aufs Gelände geschafft. So musste er Zugaben liefern, bis er keine Songs mehr hatte. Da sang er das Wort »Freedom« wie im Rausch. Es wurde die Hymne des Festivals.
- Aber 50 Jahre Rock 'n' Roll sind keine Frischzellenkur. Hendrix, Joplin, Cocker und viele andere sind tot. Und aus den Hippies im Schlamm sind Senioren im Altenheim geworden.

Wie feiert man also Woodstock?

Ich habe zum Jubiläum mein altes, rauschendes Tonband aus dem Keller geholt.

Es war an der Zeit für ein letztes »Flap, flap, flap«!

Schnarchen? Aber ich doch nicht!

»Männer müssen schnarchen, um ihre Frauen vor wilden Tieren zu schützen!«

Heiner Lauterbach im Film *Männer*.

Wer von uns maximal mittelalten Herren kennt das nicht: Gerade ist man eingeschlafen, da knufft einen die Frau in die Seite und behauptet, man würde schnarchen. Ist natürlich Blödsinn. Ich zum Beispiel atme lediglich etwas lauter.

Dennoch verkünden seit 30 Jahren sämtliche Frauen, an deren Seite zu nächtigen ich die Ehre hatte, dass die von mir verursachte Geräuschkulisse der eines startenden Großraumjets entspricht. Weshalb ich auch häufig aus dem Schlafzimmer fliege. Außer im Winter, da hören Frauen schlechter, weil sie kalte Füße haben.

Was habe ich im Laufe der Jahrzehnte nicht alles versucht: Nasenpflaster, ins Schlafshirt eingenähte Tennisbälle, sogar schnarchhemmende Beißschienen ließ ich mir anfertigen, die ich im Halbschlaf ausspuckte und die morgens in meinen Hintern zwickten. Nun allerdings verlangt die Frau, dass ich mich in einem Schlaflabor untersuchen lasse, doch das verweigere ich kategorisch.

Ein grundsätzlich nackt schlafender Bekannter wurde nach so einer Untersuchung nämlich überredet, künftig mit einer Art Gasmaske und Beatmungsgerät zu schlafen, was ihn bei einer Hotelübernachtung ins Zentrum polizeilicher

Ermittlungen rückte. Er hatte kein »Nicht stören«-Schild an die Tür gehängt, und das schreiende Zimmermädchen hielt ihn dank Gasmaske und fehlendem Schlafschlüppi für einen außerirdischen Sittenstrolch.

Nun habe ich jedoch von einer ganz neuen Anti-Schnarch-Methode gehört. Das Erlernen eines Blasinstrumentes soll Rachen- und Gaumenmuskulatur derart kräftigen, dass es nie wieder Ärger wegen der Schnarcherei geben soll.

Ich habe es ausprobiert. Es funktioniert tadellos!

Seit ich damit begonnen habe, vor dem Einschlafen noch eine Stunde Trompete zu üben, ist die Frau zu ihren Eltern gezogen. Endlich kann ich nachts wieder lauter atmen, ohne wach gerüttelt zu werden!

Intervallfasten ist, wenn der Hund Sie hasst!

Samstagmorgen. Es ist zehn nach acht. Ich gucke Frau und Kind beim Frühstück zu. Der Hund wartet unter dem Tisch auf Krümel. Wenn da mal ein Stück Wurst runterfällt, wird er mit mir darum kämpfen müssen!

Intervallfasten, schon gehört? 16:8 heißt die Methode. Zwischen 12 Uhr mittags und 8 Uhr abends darf man essen, so viel man will. Die anderen 16 Stunden liegt man weinend vor dem Kühlschrank.

Viertel nach neun. Ich trinke den vierten Bottich Pfefferminztee. Vertreibt den Hunger, heißt es. Ein guter Witz. Die Zeit vertreibt er! Ich schlendere in Richtung Toilette.

Halb elf, Hunderunde. Das Fellnasen-Pubertier hat »Sitz« gemacht und erwartet ein Leckerli zur Belohnung. Ich schnuppere daran. Riecht ein bisschen nach Mettwurst. Der Hund knurrt warnend.

12 Uhr, endlich Mittag! Familie und Hund verlassen fluchtartig die Küche. Wer mir jetzt in die Quere kommt, läuft Gefahr, mitgegessen zu werden!

Kauend denke ich darüber nach, wie ausgerechnet ich auf so eine beknackte Idee gekommen bin. Der dicke Frank hat Schuld. Neulich lief er mir beim Schneider über den Weg, bei dem ich zwei Anzüge weiter machen ließ. Er brachte seine Hosen zum Engernähen und meinte stolz: »36 Kilo runter! Das geht so einfach!«

Seit etwa drei Wochen bin ich dabei. Es ist fantastisch. Also, die acht Stunden in der Mitte jedenfalls. Die anderen 16 Stunden versuche ich zu schlafen oder ins Koma zu fallen. 4 Kilo sind runter. Meine Nerven leider auch.

Es ist Abend. Hätte ich doch bloß diesen Text über Intervallfasten nicht geschrieben. Ich habe kostbare Essenszeit fahrlässig vergeudet. Ich blicke auf die Uhr. Noch 15 Stunden und 11 Minuten.

Die Frau füllt Rindfleisch in den Hundenapf. Der Hund sieht mich an und bleckt die Zähne. Ich weiß auch nicht, was der schon wieder hat.

Warum ich mich nicht mehr mit der Frau streite

»Würdest du dich über Kopfhörer mit Geräuschunter-drückung freuen?«

Es ist Sommer. Die Lebensgefährtin plant Weihnachten. Ich schrecke aus meinen Gedanken auf und frage: »Was?«

»KOPF-HÖ-RER!«, sagt die Frau mit der übertriebenen Akzentuierung einer jung gebliebenen Mitvierzigerin, deren Ü50-Typ mal wieder gar nichts mitbekommt.

Ich wedele mit der Hand in Richtung TV-Kommode und brumme: »Irgendwo in der Schublade.«

Kopfhörer, die störende Nebengeräusche ausblenden. Mein Schwager hat solche Dinger. Sündhaft teuer, aber irgendwie geil. Doch ich brauche so etwas nicht. Bei mir macht das das Alter!

Denn jenseits der 50, da haut einem das Leben eine Menge um die Ohren. Es drohen Ohrschmalzpfropfen, Tinnitus, Altersschwerhörigkeit und wahrscheinlich auch bald ein Hörgerät.

Jeder Vierte der Altersgruppe Ü50 gilt als schwerhörig. Ü60 ist es schon jeder Dritte. Und Ü70 stellen 54 Prozent von uns die Fernseher so laut, dass die Nachbarn an die Wände klopfen. Kriegt man dann zum Glück auch nicht mehr mit.

Aber deshalb gleich ein Hörgerät?

Bei mir wäre immer diese Angst, verarscht zu werden wie einst der ältere Kollege in der Sportredaktion. Mehr als

ein Jungredakteur machte sich einen Spaß daraus, ihm zu-
zuwinken, die Lippen lautlos zu bewegen und ihn ratlos am
neuen Hörgerät drehend zurückzulassen.

Die Frau liegt auf dem Sofa und telefoniert. Nacheinander
mit Freundin, Kollegin und Schwester. Die Gesprächsthemen
variieren nur minimal. Früher hat mich das wahnsinnig gemacht. Heute plätschert es vorbei.

Mein Nachbar, ein Hörakustiker-Meister, erzählt gern von
älteren Neukunden, die ihr Hörgerät nach zwei Tagen entrüstet
zurückbringen. Niemand habe sie vor der Nebenwirkung ge-
warnt, dass sie ab sofort wieder die Gattin verstehen.

Ich habe den heraufziehenden Hörverlust erfolgreich mit
verständnisvollem Kopfnicken kombiniert. Seit ich dazu ein
gelegentliches »Klar« oder »Ich verstehe« in die partnerschaft-
liche Konversation einstreue, streite ich mich quasi gar nicht
mehr mit der Frau.

Außerdem habe ich schon früher schlecht gehört. Das lag
natürlich an Led Zeppelin, Deep Purple und anderen Groß-
meistern der schallerzeugenden Zunft. Noch heute kann ich
mich an das betäubte Pfeifen im Ohr erinnern, das nach dem
Besuch von Rockkonzerten signalisierte: Wieder ist ein Teil
meines Hörvermögens unwiederbringlich von mir gegangen.
Jetzt bin ich diesbezüglich beschwerdefrei. Egal ob Stones, U2
oder Red Hot Chili Peppers, bei allen habe ich mich zuletzt
gefragt, warum die neuerdings so leise spielen.

Sachen, die Ü50 echt super sind!

1. Die Oldieprogramme im Radio werden besser.
2. Wer einen Hund will, holt sich einen.
3. Waschmaschinen schleppen jetzt die Jungen.
4. Ich kann viel länger ohne Sex.
5. Unangenehme Dinge vergesse ich einfach.
6. Wir sind gar nicht starrsinnig, wir wissen es wirklich besser.
7. Einen Bauch haben macht endlich Sinn.
8. Man hört nicht mehr alles, was die Frau gerade sagt.

Wie kam der Treppenlift in Omas Handy?

»Ja spinnen die?«

Entrüstet fuchtelte Oma mit ihrem Smartphone unter meiner Nase herum. Ich sah Werbung für einen Treppenlift und konnte mir ein Grinsen nicht verkneifen.

Nun muss man wissen: Die Mutter der Lebensgefährtin ist zwar 70, aber kürzlich kletterte sie mit ihrer Enkelin alle 452 Stufen zum Hamburger Michel hoch. Sie fährt täglich Fahrrad, rennt stundenlang durch Kunstausstellungen, und wer sie in Gegenwart anderer Leute Oma nennt, wird mit dem Federballschläger durch den Garten gejagt.

Doch da draußen gibt es offenbar Menschen, die glauben, dass diese fitte Frau Hilfe beim Treppensteigen braucht. Ich erhielt Order, der Sache auf den Grund zu gehen.

Klassische Datenräuber wie Google, Facebook oder Amazon schieden früh aus dem Kreis der Verdächtigen aus. Oma ist der vermutlich einzige Mensch, der das Smartphone tatsächlich nur zum Telefonieren nutzt.

Dafür geriet unser Einwohnermeldeamt unter Tatverdacht. Wussten Sie, dass deutsche Kommunen Daten ihrer Bürger ungeniert an die Werbewirtschaft verkaufen?

Doch nach intensiven Recherchen ermittelte ich den wahren Übeltäter. Unsere sonst so smarte Großmama war Opfer eines Preisausschreibens geworden. Im Sommer hatte sie auf Wunsch meiner bettelnden Tochter versucht, einen Gartenpool zu gewinnen, und bei der Anmeldung alle Fragen beantwortet, die sie im Formular finden konnte. Nun weiß jeder Datenhändler Europas, dass im Nachbarhaus eine offenbar leichtgläubige 70-Jährige darauf wartet, mit Seniorenbedarf übers Ohr gehauen zu werden.

Angesichts so geballter Naivität schüttelte ich den Kopf und griff zu meinem Handy.

Die Potenzmittelwerbung für den müden Ü50-Mann irritierte mich.

Ich knurrte: »OMA?«

»Was denn?«, sagte sie. »Ich hatte zwei Gewinnspielkarten, und eine habe ich in deinem Namen ausgefüllt.«

Warum unsere Katze nichts vom Gendern hält

»Schau mal, Leif Lasse, hier steht, die Puppenküche hat Schubladen-Innenbeleuchtung!«

»Find ich gut, dass die jetzt auch das Kinderspielzeug gendern!«

Kommen wir nun also zum schwierigsten Teil der männlichen Existenz, dem gendergerechten, gleichberechtigten, achtsamen Leben als alter, weißer, heterosexueller Mann, der gar keine Ahnung hat, wem er bisher allein durch seine privilegierte Existenz das Leben vermiest hat.

Zum Glück habe ich eine Frau, die mir bei der Überwindung von Patriarchat und antiquierten Rollenbildern zur Seite steht. Durch sie bin ich großer Gender-Fan geworden, und sie bemüht sich wirklich jeden Tag, aus mir einen besseren alten weißen Mann zu machen.

Fangen wir ruhig mal mit den Rollenbildern an. Ich zum Beispiel nannte meine kleine Tochter gern Prinzessin, und wenn sie nach Glitzer verlangte oder nach Puppen oder gar einem Schminkset, dann bin ich ihr lange zu Willen gewesen. Heute weiß ich, dass das grundfalsch war.

Es war vor gut fünf Sommern, als die Tochter sich zum Geburtstag eine Puppenküche wünschte. Nach besorgten Diskussionen im Elternkomitee, in dem ich lediglich die Position des nicht stimmberechtigten Beisitzers innehabe, fiel die Entscheidung, dem Kind einen Spielzeugrasenmäher zu schenken. Die Kleine hat sehr geweint, aber es war natürlich nur zu ihrem Besten.

Die Frau überzeugte in langen Diskussionen auch die Doppelhausnachbarin von unserem Konzept der genderneutralen Erziehung. Also zog Nachbarsjunge Michel ebenfalls ein langes Gesicht, als er zu seinem Geburtstag wenige Wochen später die neue rosa Puppenküche bekam.

Leider wurden unsere Bemühungen von den Kindern boykottiert. Michel spielte fortan oft bei uns. Mit dem Rasenmäher. Unsere Tochter zog es dafür nach nebenan, wo sie selbstversunken in Plastiktöpfen rührte.

Unter den Müttern keimte Krisenstimmung. Die Frau meinte, dass wir Väter vielleicht schlechte Vorbilder seien.

Bei uns kochte fortan ich, wobei ich mich leider recht ungeschickt anstellte und es im Wechsel angebrannte Tomatennudeln und lauwarme Tiefkühlpizza gab. Die Frau mähte den Rasen. Beim ersten Versuch durchtrennte sie das Kabel. Ich flickte es. Dann fuhr sie der Katze über den Schwanz. Die Katze fauchte. Wahrscheinlich hält das Tier nichts von gendergerechter Gartenarbeit.

Als ich das Kind ins Bett gebracht hatte, huschte ich noch schnell in den Baumarkt, um ein neues Kabel zu kaufen. Die Frau lag solange auf dem Sofa, um sich von der Gartenarbeit zu erholen.

Einige Wochen und Rasenmäherkabel später gaben wir auf.

Die Tochter (»Papa, das schmeckt nicht!«) hatte 1 Kilo abgenommen, der Herd sah nicht gut aus, und auf dem neuen würde vorerst Mama kochen. Der Rasen gehörte wieder mir. Die Katze traute sich zurück in den Garten. Und meine

Tochter hat dann doch ihre Puppenküche bekommen. Mit Innenbeleuchtung. Ich habe sie natürlich sofort hellblau angemalt.

Wie ich mal knallhart mit dem Schmusekissen auszog

Samstag, Pärchenabend. Die Frau sieht einen Politthriller, ich lese. Plötzlich seufzt sie: »Was für ein Körper!«

Überrascht blicke ich auf und sehe gerade noch, wie sich Hemdknöpfe über einem wohldefinierten Sixpack schließen.

Ich gucke die Frau an und frage: »Hallo? Reduzierst du gerade einen Mann auf das Körperliche?«

Ich gehöre ja zu jener Generation, die im fortgeschrittenen Alter noch die verblüffendsten Dinge lernen musste: die Klappe halten, wenn uns eine Frau gefällt. Komplimente über das Aussehen vermeiden. Und nie, wirklich niemals, den Eindruck erwecken, eine Frau nach körperlichen Attributen zu beurteilen.

Unterstützt werde ich dabei von meiner wahrhaft strengen Lehrmeisterin, die mich vor Jahren mal aus dem Schlafzimmer ausquartierte, bloß weil ich mich lobend über die sinnlich geschwungenen Lippen von Hollywoodstar Scarlett Johansson geäußert hatte.

Und nun himmelt ausgerechnet diese reflektierte, emanzipierte und kluge Frau den Sixpack des Berliner Schauspielers Mark Waschke an?

Der ist als unterkühlter Berliner *Tatort*-Kommissar Karow an der Seite von Meret Becker bekannt. Ein Mann wie eine Panzerfaust. Hart. Verschlossen. Stahlblick. So eine Art deutscher Clint Eastwood. Über Letzteren befanden sie damals in Hollywood, er habe nur zwei Gesichtsausdrücke: mit Hut und ohne Hut. Über Mark Waschke sagt die Frau gerade: »Der guckt so maskulin. Bei dem Blick gehen mir einfach zwei Knöpfe an der Bluse auf.«

Später im Bett, als die Frau sich versöhnlich an mich kuscheln will, stehe ich noch mal auf und lege *Lost in Translation* in den DVD-Player.

Als die Kamera in der Anfangsszene zärtlich über den damals 18-jährigen Hintern von Scarlett Johansson streicht, sage ich laut: »Geiler Arsch, ey!«

Dann nehme ich mein Schmusekissen und siedele aufs Sofa um. Knallhart wie Clint Eastwood, das kann ich schon lange!

Warum ich »Sitz« mache, wenn der Hund komisch guckt

Die Frau trägt mal wieder einen Hauch von nichts. Wie immer auf dem Rückweg vom Wochenmarkt.

Die Segnungen der angestrebten Gleichberechtigung, sie haben in unserer Familie noch nicht alle Winkel unseres Zusammenlebens erreicht. Zumindest um unseren Wochenendeinkauf machen sie einen großen Bogen.

Wenn die Frau und ich von Stand zu Stand schlendern, fällt mir seit Anbeginn unserer Beziehung eine tragende Rolle zu. Auf ihren Fingerzeig bürde ich mir hier einige Flaschen Kräuterlimonade auf, dort mehrere Kisten Biogemüse, obendrauf Kartoffeln, Käse und frisches Obst. Ich lasse all dies geduldig geschehen. Ich habe quasi die Metamorphose zum alten weißen Lastenmuli geschafft.

Aber ich beklage mich nicht. Ich frage mich nur oft, warum das alles so kompliziert sein muss.

Als ich jung war, wurde mir zum Beispiel glaubhaft vermittelt, dass man Mädchen nach dem Kino nach Hause bringt, ihnen die Tür aufhält und selbstverständlich auch das Popcorn und die Limonade bezahlt. Jetzt sage ich immer »Entschuldigung«, wenn ich einer Frau die Tür ins Gesicht fallen lasse. Man will ja kein Sexist sein und trotzdem höflich.

Auch im Restaurant ist alles anders. Bei uns zahlt grundsätzlich die Frau. Mit meiner Karte zwar, aber es geht eben nicht um das Materielle an sich, sondern um den bewussten Akt der neuen Rollenverteilung. Zur Freude aller Kellner. Seit die Frau meine Visa hat, ist sie beim Verteilen von Trinkgeldern recht großzügig geworden, jedenfalls dann, wenn die Kellner jung sind, gut gebaut und auch sonst angenehm im Wesen.

Große Fortschritte haben wir zu Hause gemacht.

Gestern Abend, nachdem ich den Tisch abgeräumt, die Küche durchgewischt und das Kind ins Bett gebracht hatte, bin ich noch eine Runde mit dem Hund raus. An der Ampel habe ich wie immer »Sitz« gesagt. Aber auch das Hundemädchen guckt neuerdings so kritisch, als würde es meine dominante Rolle in unserer Beziehung hinterfragen.

Ich habe dann »Entschuldigung« gemurmelt und mich zu ihr an den Bordstein gesetzt.

Als ich in der Büchse der Pandora ein Ladekabel fand

Und was ist, wenn die Büchse der Pandora doch bloß eine Wohnzimmerkommode von Ikea war?

Griechische Mythologie, das haben wir doch alle noch in der Schule gehabt: Göttervater Zeus erschuf die Frau, nannte sie Pandora und schenkte ihr eine Büchse, die unter GAR KEINEN UMSTÄNDEN geöffnet werden durfte. Pandora nickte, komplimentierte den nervigen Alten aus der Wohnung, klappte unverzüglich den Deckel hoch und es entwichen die künftigen Plagen der Menschheit: Krankheit, Mühe, Übel und Tod.

Ein schöner Anlass, um über Dinge zu reden, die wir besser nicht mehr öffnen:

- Die Brotdose ganz unten im Ranzen, in der die angebissene Salamistulle der Tochter die Ferien verbracht hat.
- Die Mulde unter dem Kofferraumboden, in der früher Reserveräder wohnten, besonders dann nicht, wenn man dort vor einigen Wochen nasse Joggingschuhe deponiert hat.
- Verklemmte Kommodenschubladen, jedenfalls wenn sie der Frau gehören. Drinnen lagert alles, was jemals den Fehler beging, in der Wohnung herumzuliegen, als Besuch kam.

Die Frau hasst Unordnung. Zumindest außerhalb der Schränke.

Einmal kraftvoll in die Schubladen gestopft, verkeilen sich Teelichter, Hausschuhe, Zopfspangen, Leckerlibeutel, Springseile und Legofiguren zu einer festen Masse, die den Kauf einer weiteren Kommode unumgänglich macht.

Ich als Ü50-Mann bin da viel strukturierter.

In meiner persönlichen Schublade befinden sich nur extrem wichtige Dinge. Fernbedienungen für ausrangierte TV-Geräte, niemals benutzte In-Ear-Kopfhörer längst zersplitterter iPhones, sowie 27 Kilometer historische Ladekabel, die dem Tag ihrer neuerlichen Verwendung entgegenfiebern.

Und sie fiebern schon ziemlich lange.

Wussten Sie, dass die Industrie ganze Forschungsabteilungen ausschließlich damit beschäftigt, immer neue Stecker zu entwerfen, deren einziger Sinn es ist, in kein anderes jemals verkauftes Gerät zu passen? Passende Stecker würden nämlich den Absatz schmälern, wenn wir mal wieder ein Ladekabel verloren haben.

Aber kehren wir ruhig noch mal zurück zu dieser ominösen griechischen Büchse. Ganz unten am Boden kauerte die Hoffnung, und auch sie entwich, bevor die verschreckte Pandora den Deckel zuschlagen konnte.

Als der Hund letzte Woche die Fototasche plünderte und das Kabel der Spiegelreflexkamera zernagte, ging ich gemessenen Schrittes zur Schublade, entwirrte den Inhalt und am Ende passte tatsächlich der Adapter eines vor 13 Jahren verschrotteten Hometrainers!

»Siehst du?«, sagte ich triumphierend zur Töle. »Man darf alles aufgeben, aber niemals die Hoffnung!«

Der Hund blickte nicht mal auf, als er die Linse des 300-Millimeter-Teleobjektivs ausspuckte.

Woran Männer beim Quelle-Katalog wirklich denken

Sex ist gut für die Prostata, sagen die Ärzte. Und den Blutdruck! Und das Herz!

Im Prinzip bin ich tot!

Nun, Sie werden sich vielleicht fragen: Wie kann dieser Mann dann ein Ü50-Buch schreiben? Die Antwort liegt, verzeihen Sie mir diese anstößige Formulierung, natürlich auf der Hand.

Reden wir also über das Thema Masturbation. Mindestens so gesund wie Sex. Keine bekannten Nebenwirkungen. Außerdem kennt die betreffende Hand weder Kopfweh, noch möchte sie irgendwann vor den Altar geführt werden.

Junge, Alte, Männer, Frauen, neun von zehn tun es ganz selbstverständlich. Vibratoren gibt's im Drogeriemarkt, an der Autobahnraststätte wird die »Travel Pussy« für den verspannten Langstreckenfahrer angeboten.

Bloß darüber reden, das ist uns immer noch peinlich!

Unsere Großväter, die hatten gute Gründe, so verklemmt zu sein. Erblindung wurde masturbierenden Knaben zu Beginn des letzten Jahrhunderts angedroht, wahlweise auch weiches Knochenmark. Wir Jungs in den 70ern wurden lediglich vom Fußballtrainer ermahnt, am Vorabend des Spiels keine Kraft zu vergeuden und die Hände über der Bettdecke zu halten. Im Finale um die Kreismeisterschaft rannten wir den

Gegner in Grund und Boden, verweigerten nach dem 5:1 aber den Handschlag. Wer weiß, wann sich diese kleinen Schmutzfinken zuletzt die Finger gewaschen hatten.

Inzwischen ist das alles anders.

»Du, Papa«, befragte mich mein Sohn, er muss damals 12 oder 13 gewesen sein, und auf dem Schulhof hatten per Smartphone die ersten Swingerklub-Videos Einzug gehalten, »man kann das aber auch zu zweit machen, oder?«

Ich dachte lange nach, wie weit die Aufklärung eines Frühpubertierenden gehen sollte, dann entschied ich mich für die Wahrheit. »Mein Junge«, sagte ich, »klingt jetzt komisch, aber die meiste Zeit deines Lebens wirst du es allein tun.«

Inzwischen bekommen wir sogar Rückendeckung aus der Medizin. Eine Langzeitstudie der US-Uni Harvard ergab, dass Männer, die im Monat 21 Mal oder mehr ejakulieren, das Risiko von Prostatakrebs um 20 Prozent senken! Wobei aus Urologensicht absolut Latte ist, ob die Krebsvorsorge mit oder ohne die Beihilfe eines Partners betrieben wird.

Da grämt man sich in der Rückschau glatt, dass das Internet so spät erfunden wurde.

Die Jugend von heute hat ja keine Ahnung, wie schwer es war, zum Unterwäschekatalog von Quelle zu masturbieren. Aber andere Vorlagen standen einfach nicht zur Verfügung.

Warum Handschuhfächer in Autos so wichtig sind

Urlaub, endlich! Freuen Sie sich auch schon so aufs Autopacken?

Bei uns lautet die Faustformel vor den Ferien: zwei Erwachsene, ein Kind, ein Hund, ein Kofferraum, ein Ehekrach.

Im Flur stehen zwei Koffer, vier Taschen und sieben Großraumtüten von Ikea. Und die Frau hat gerade erst mit Packen angefangen.

»Man weiß ja nicht, wie das Wetter wird«, erklärt sie.

»Okay«, antworte ich mit einer Spur Aufbegehren in der Stimme, »aber es ist Juni, wir fahren an die Ostsee, und den Schneeanzug fürs Kind werden wir vielleicht nicht brauchen.«

»Und wenn doch?«, entgegnet sie.

»Dann kaufen wir einen«, schlage ich vor.

Sie zieht die Augenbraue hoch. »Du bist so naiv! Als ob es im Juni an der Ostsee Schneeanzüge geben würde.«

Als ich die Frau vor etwa 15 Jahren kennengelernt habe, dachte ich noch, es läge an meinem Auto.

Ich fuhr ein Cabrio mit winzigem Kofferraum. Als ich die Sachen der Frau für den ersten gemeinsamen Urlaub hineingezwängt hatte, fand sich im Handschuhfach noch Platz für meine Zahnbürste. Kein Problem, dachte ich. Sachen zum Wechseln würde ich auf Sylt kaufen können.

Ein Jahr später brachte ich mein Cabrio zum Händler. Ich war ein bisschen traurig. Aber die Frau tröstete mich: »So ein

Golf ist echt viel praktischer, außerdem ruinieren Cabrios meine Haare.«

Als sich vor dem nächsten Urlaub alle ihre Taschen im Auto befanden, stopfte ich meine Zahnbürste ins Handschuhfach und überlegte, wo mein Denkfehler gelegen haben könnte. Aber ich war verliebt, und vielleicht würde man auf Usedom auch Socken erstehen können.

Zwei Jahre danach wollten wir in die Toskana, es war Zeit für den ersten Kombi.

Als ich das Auto bis unters Dach mit den Sachen der Frau beladen hatte, stieß ich lautes Triumphgeheul aus. Nicht umsonst hatte ich mich bei der Wahl des Wagens weder für PS noch Optik interessiert, sondern lediglich auf die Größe des Handschuhfaches geachtet. Diesmal passten zu meiner Zahnbürste auch noch drei Unterhosen und ein T-Shirt.

Als unser Kind zur Welt kam, ließ ich eine Anhängerkupplung montieren.

Wir wollten nur ein verlängertes Wochenende an der Ostsee verbringen. Aber an Bord von Auto und Anhänger befanden sich Kinderwagen, Dreirad, Laufstall, Kinderbett, Wickelkommode, etwa ein Dutzend Koffer, sieben Reisetaschen, 29 Ikea-Großraumtüten sowie die Schwiegereltern. Und natürlich meine Zahnbürste im Handschuhfach.

»Der Trick ist«, sagte mein Nachbar Rüdiger, dem ich irgendwann von meinem Packtrauma erzählte, »dein Auto muss größer sein als dein Haus. Dann kann sie es auch nicht vollmachen.«

Gerade sondiere ich den Markt. Sie wissen nicht zufällig, wie groß das Handschuhfach eines Umzugslasters ist?

Denken Sie bitte ans Rettungsgassi

Die Laune sinkt parallel zur Geschwindigkeit. Bei uns hat sie gerade den Nullpunkt erreicht.

Die Frau sagt: »Du hättest von der Autobahn abfahren sollen!«

Das Kind fragt: »Wann sind wir da?«

Das Hundekind winselt: »Fiep!«

Ich murmele: »Schatz, gib dem Hund doch noch einen Kauknochen.«

Ja, der Juli. Die Jahreszeit, in der Autobahnmeistereien alle ihre Baustellenschilder an die Straße stellen. Die armen Dinger müssen schließlich auch mal an die frische Luft.

Überall in Deutschland läuft zu Ferienbeginn die gleiche Choreografie. Um Punkt 8 Uhr klappen Hunderttausende Kofferraumdeckel zu, zwängen gestresste Menschen die letzten aufblasbaren Schwimmtiere in hoffnungslos überladene Autos, kurz nach 9 Uhr kochen die ersten Kühler. Natürlich in Baustellenbereichen ohne Haltebuchten.

Die Frau sagt: »Die andere Spur ist frei.«

Ich verdrehe die Augen. »Das ist die Rettungsgasse.«

Das Kind blickt von seinem Video auf. »Der Hund muss mal.«

Das Hundekind verweigert weitere Kauknochen und winselt: »FIEP!«

Dabei wollen wir bloß aus einem Hamburger Vorort an die Ostsee fahren. Machen wir sonst in 90 Minuten. Und es wäre so einfach: am Vorabend Auto packen, um 5 Uhr aufstehen, um 5.30 Uhr los, um 7 Uhr frische Brötchen an der Strandpromenade kaufen und im Strandkorb auf all die Loser warten, die zu träge waren, ihren Hintern rechtzeitig aus dem Bett zu hieven. Also solche Leute wie wir.

Die Frau nörgelt: »Warum sind wir nicht gestern gefahren?«

Ich stöhne: »Gestern hattest du a) einen Friseurtermin, musstest b) noch einen Bikini kaufen und c) die Fußnägel lackieren, weil sie sonst nicht zu den Flip-Flops passen.«

Das Kind quengelt: »Warum habe ich keine Flip-Flops?«

Das Hundekind winselt: »FIEP-FIEP-FIEP!«

Ich scrolle im Navi nach der nächsten Ausfahrt, bis dahin wird es noch Stunden dauern. Ich googele, wie man Hundepipi aus dem Autositz entfernt, und drehe den Verkehrsfunk lauter. »Denken Sie daran, eine Rettungsgasse …«

Das Kind fragt: »Können wir nicht auch Rettungsgassi machen?«

Die Frau sagt: »Man wird sogar angezeigt, wenn man kein Rettungsgassi macht!«

Ich lobe: »Kluges Kind!«, springe aus dem Wagen und lasse den Hund vor neidischen Mit-Stau-Stehern auf den Mittelstreifen pinkeln.

Endlich rollen wir weiter.

Das Navi kündigt an: »Noch 18 Minuten bis zum Ziel.«

Die Frau sagt: »Nächste Raststätte raus. Jetzt muss ich mal.«

Ich blicke wortlos in den Rückspiegel. Sind Rettungsgassen eigentlich auch für Scheidungsanwälte da?

Mein Urlaubs-Work-out heißt Pommes, Plauze, Po

»Mama, Papa, kommt ihr mit schwimmen?«

Der Augenblick der Wahrheit ist gekommen. Das Strandkleid der Frau fällt. Mein zufällig etwas weiter geschnittenes T-Shirt auch.

Was ihre Bikinifigur angeht, ist die Lebensgefährtin recht rigide. Sie hat das Frühjahr überwiegend im Fitnessstudio verbracht. Bauch, Beine, Po, dazu Yoga, gelegentlich ein halbes Salatblatt zur Belohnung. Nun schwebt sie anmutig wie einst Bo Derek über den Strand, während ich die Sandburg betrachte, die das Kind im Schatten meines Bauches gebaut hat.

»Ab morgen mache ich Fitness«, sage ich, als wir wieder im Strandkorb sitzen. Sie antwortet: »Super, soll ich dir ein Eis aus der Strandbar mitbringen?« Ich nicke schicksalsergeben.

Sonntag, 6.30 Uhr. Auch Männer über 50 können Willensstärke. Ich trage Joggingschuhe, Radlerhosen, Sportshirt, verspiegelte Sonnenbrille und eine Fitness-Watch, die Belastung und Herzfrequenz kontrolliert. Das Hundekind schaut irritiert, als ich tänzelnd an der Leine ziehe, es kennt mich sonst als eher gemächlichen Begleiter. Dann rast es los und zerrt mich hinterher. Eine Hasenfährte führt 7 Meter vor, 3 Meter zur Seite und 4 Meter zurück. So kann ich nicht trainieren. Ich werde morgen laufen. Ohne Hund.

Montag, 7.15 Uhr. Das Wetter war gut. Ich habe Sonnenbrand auf dem Fußrücken und kriege die Turnschuhe nicht geschnürt. Man kann ja nicht in Flip-Flops joggen! Ich be-schließe, das erst mal abheilen zu lassen.

Mittwoch, 9.30 Uhr: Die zweite Flasche Wein gestern Abend hätte nicht sein müssen. In der Schlange beim Bäcker lockere ich Hüften und Oberkörper, pendele mit dem Kopf hin und her wie ein Boxer. Ja, das fühlt sich gut an! Ich kann spüren, wie mein Körper Kalorien verbrennt, und genehmige mir zum Ausgleich zwei Franzbrötchen extra.

Donnerstag, 11 Uhr: Die Frau ist mit dem Hund gegangen, ich habe mich noch mal rumgedreht. Die Sonne steht einen Tick zu hoch, das kann brandgefährlich für den Kreislauf sein. Beim Bäcker wähle ich »Coffee to go« – für einen Fitnessfreak wie mich zählt jedes bisschen Bewegung!

Freitag, 7.20 Uhr: Die Schuhe passen wieder! Jetzt aber los. Nach 200 Metern fällt mir auf: Ich habe die Fitness-App nicht gestartet. Ich bleibe stehen und denke nach. Nein, nein, nein! So unwissenschaftliches Rumgerenne bringt ja nichts. Ich gehe zurück.

Sonntag, 19.30 Uhr: Klare Luft, Abendsonne. Nicht nur mein Shirt ist atmungsaktiv, auch ich keuche nach wenigen Minuten. Vielleicht muss ich das Tempo reduzieren. Als mich zwei Nordic Walker überholen, breche ich ab.

Dienstag, 14 Uhr: Ich sitze mit einer XL-Tüte Fritten/ Mayo im Strandkorb. »Und dein Fitnessprogramm?«, fragt die Frau.

»Männer-Work-out«, antworte ich und hebe belehrend den Zeigefinger, »muss wegen der größeren Muskelmasse naturgemäß ganz anders sein als das von Frauen, es basiert auf konsequenter Ernährungsumstellung und der ausreichenden Zufuhr von Kohlehydraten.«

Die Frau schaut mich skeptisch an und murmelt: »Das hab ich ja noch nie gehört.«

Ich wische etwas Mayo aus dem Bart, ziehe den Strohhut über die Augen und lege mich hin. »Doch, doch«, sage ich vor dem Wegdösen, »ist ganz neu. Heißt Pommes, Plauze, Po!«

IBAN, die Schreckliche, und mein Kampf mit der Lesebrille

Warum ich weiß, dass ich alt bin? Ich kann mich noch an die Zeiten vor Erfindung des Onlinebanking erinnern.

Ich gehöre zu den Leuten, die Überweisungsträger noch mit der Hand ausgefüllt haben. In der Sparkasse kontrollierte die freundliche Frau Blumenfeldt das Ergebnis, erkundigte sich nach meinen Eltern und quittierte den Empfang mit einem Stempel auf einem hauchdünnen Durchschlag. Frau Blumenfeldt ist längst in Rente, ihre Planstelle eingespart, die Sparkassenfiliale geschlossen, und ich mache Onlinebanking. Kein Problem für den auf digitaler Höhe gebliebenen Ü50-Mann.

Oder sagen wir: Es wäre kein Problem, wenn Grafiker, die Rechnungsformulare entwerfen, nicht allesamt unter 30 wären, Adleraugen und eine Schwäche für winzige Schriftgrößen hätten. Oder wenn wahlweise die Linse des menschlichen Auges ab 40 nicht ihre Elastizität verlöre. Altersweitsichtigkeit ist die Folge, was als Begriff genauso irreführend ist wie Kurzsichtigkeit. Nah oder fern, ich kann beides nicht mehr richtig gucken.

Gerade sortiere ich im Urlaub aufgelaufene Rechnungen nach Unleserlichkeit der angegebenen IBAN.

»Schahaaatz?«, rufe ich. »Hast du meine Lesebrille gesehen?« Ohne Brille bin ich nicht sonderlich gut im Brillensuchen. Die Lebensgefährtin rollt mit den Augen. Immerhin das kann ich klar erkennen.

Zwei Strafmandate für falsches Parken liegen oben, die zahle ich sofort. Deutsche Bußgeldstellen schätzen auf ihren Knöllchen schnörkellose Großbuchstaben und wuchtige Ziffern.

Die Kontoverbindungen der folgenden Arztrechnungen sind auch mit Lesebrille nicht gut zu entziffern. Ich lege sie zur Seite, um die Zahlungserinnerungen abzuwarten. Diese werden in aller Regel größer gedruckt, um der Verstimmung des wartenden Gläubigers Ausdruck zu verleihen.

Ganz unten liegt die Hundesteuer. Wer auch immer in unserer Gemeinde vor den Toren Hamburgs die Steuerbescheide entwirft, ist offensichtlich angehalten, Druckertinte zu sparen. Die Bankverbindung ist so winzig, dass ich sie zunächst für eine gestrichelte Linie gehalten habe.

»IBAN, die Schreckliche«, witzelt die Frau und zaubert eine Lupe aus ihrem Handarbeitskästchen. Gemeinsam untersuchen wir den Steuerbescheid. »Vorne steht DE«, sagt sie. Danach machen wir IBAN-Raten und bezahlen auf Verdacht.

»Ach Papa!«, seufzt mein Sohn einen Tag später, als er auf ein schnelles Schnitzel zu Besuch ist. »Du bist immer so unbeholfen!« Er fotografiert den Steuerbescheid, vergrößert das Foto auf seinem Smartphone und liest mir die IBAN vor. Bis auf die 3 statt der 8 und der 99 statt 00 waren wir ziemlich dicht dran.

Sollten also Sie, liebe Leser, in den nächsten Tagen den Eingang von 110 Euro Hundesteuer auf Ihrem Konto verzeichnen, wäre es nett, wenn Sie diese zurückzahlen würden.

Weshalb ich zu Halloween Kondome an junge Väter verschenke

Gruseln Sie sich auch so sehr vor Halloween? Wenn Hunderte geschminkte Kinder an der Haustür schellen, »Süßes oder Saures« krähen und hinter einem der Hund vor Aufregung ins Bellkoma fällt?

Früher habe ich es oft mit Totstellen probiert. Klingel abgeklemmt, Licht ausgemacht, aber ich hatte nicht mit der Beharrlichkeit zuckerabhängiger Sechsjähriger gerechnet. Immer wenn die ersten Gören versuchten, das Küchenfenster aufzubrechen, habe ich kapituliert und sogar die geheime Toblerone-Schublade plündern lassen.

Auch subtilere Ideen, die bettelnden Horden aus dem Vorgarten herauszuhalten, scheiterten kläglich. Vor einigen Jahren verkleidete ich mich als Martin Luther und versuchte, die anwesenden Eltern mit donnernden Predigten über die wahre Bedeutung des Reformationstages zu verschrecken. Leider gelangte ich so in den Ruf, eine lokale Sehenswürdigkeit zu sein. In den Folgejahren reisten nun auch Schaulustige aus den Nachbargemeinden an und stellten Klappstühle in unseren Vorgarten.

Am wirkungsvollsten funktionierte die Abschreckung, als ich mich als Frankenstein kostümierte, die Tür mit ketchupverschmierter Motorsäge öffnete und brüllte: »Ihr wollt Saures? Ihr kriegt Saures!« Leider war auch der Sohn unseres

Dorfpolizisten unter den kreischend davonlaufenden Kindern, und so ein Halloween-Abend auf der lokalen Polizeiwache ist letztlich auch kein Spaß.

Für den nächsten Herbst habe ich mich zu einer ganz neuen Strategie entschlossen.

Wenn es klingelt, werde ich einfach öffnen und mit zuckersüßem Lächeln Bonbons an die Kinder und Kondome an die Väter verschenken.

Man muss langfristig denken, um dieser Plage Herr zu werden: In spätestens 14, 15 Jahren sollte es an der Haustür ruhiger werden!

Rilke, war das nicht der Typ mit dem Laubbläser?

Wir sitzen auf der Parkbank, ein Gärtner mit Laubbläser wirbelt Blättertornados über die Wiese. Der Frau wird offenbar romantisch, sie lehnt den Kopf an meine Schulter und spricht:

»Wer jetzt allein ist, wird es lange bleiben ...
wird auf den Alleen hin und her
unruhig wandern, wenn die Blätter treiben.«

Sie sagt: »Schön, oder?«

Ich frage: »Was?«

Sie sagt: »Rilke!«

Ich sage: »Der Typ mit dem Laubbläser?«

Die Frau windet sich aus meinem Arm und schnauzt: »RAINER! MARIA! RILKE!«

Ich blicke noch mal zum Gärtner und denke: »Woher kennt sie den denn?«

Zu Hause habe ich dann gegoogelt. Rilke, doch kein Gärtner, sondern Lyriker, Jahrhundertwende, K.-u.-k.-Monarchie, Herbstgedicht. Trotzdem bleibt mir völlig unklar, wie die Frau von Laubbläsern auf literarische Moderne kommt.

Ich gucke das Foto von Rilke noch mal an. Bei Wikipedia sieht er krass genervt aus. Hat wahrscheinlich gerade versucht, eine Frau zu verstehen.

Ist halt was dran, wenn die Leute sagen: Kommunikation zwischen den Geschlechtern ist Glückssache.

Ich habe Jahre gebraucht, um herauszufinden, dass meine Lebensgefährtin wie ein Laptop funktioniert. Nur wenn ich das richtige Schlüsselwort eingebe, schaltet ihr Gehör von Stand-by auf Betrieb. Sage ich aber »Winterreifen«, bleibt der Bildschirm schwarz. Und bevor nicht ein Meter Schnee liegt, weigert sie sich, zum Reifenwechsel in die Werkstatt zu fahren. Sie sagt, sie kriegt da immer kalte Füße.

Ein gültiges Passwort für das Betriebssystem der Frau ist hingegen »Übergangsjacke«. In Verbindung mit dem Codewort »preisreduziert« holt dieses sie umgehend aus dem Stand-by-Modus.

Okay, auch wir Männer haben natürlich unsere Schwächen. Nämlich nonverbale Kommunikation.

Die Frau spricht bei schlechter Laune nicht, sondern sendet Signale. Hauptsächlich durch geräuschvolle Bedienung von Alltagsgegenständen.

Andere Männer bekommen die Meinung gegeigt, ich bekomme sie gesaugt!

Wenn ich nach dem Frühstück noch faul bleiben und Zeitung lesen möchte, kurvt die Lebensgefährtin so lange mit dem Staubsauger um meine Füße, bis ich den Tisch abräume. Falls nicht, saugt sie den Sportteil ein. Es ist halt ihre Art zu sagen: »Mach was, du fauler Sack!«

Aber zurück zu Rilkes Arbeitsgerät. Ich habe jetzt einen im Internet bestellt. Den bekommt die Frau zu unserem Jahrestag. Habe nämlich die Signale registriert: Laubbläser machen die Frau romantisch!

Herbstblues? Da hilft eigentlich nur Sex

Von links ertönt der Balzruf einer Motorsäge. Aus der Ferne antwortet ein einsamer Gartenhäcksler. Missmutig betrachte ich das Grünzeug draußen. Ich bin der Einzige, der noch keinen Handschlag getan hat.

Herbst. Sie wissen schon. Hecken schneiden, Laub harken, Bäume stutzen, Blumenkübel winterfest machen, Grill einmotten, Sonnenschirme in den Schuppen bringen. Mein Nachbar ist längst fertig und patrouilliert nun täglich mit geladenem Laubbläser-Akku an der Grundstücksgrenze, jederzeit bereit, unrechtmäßig eingewanderte Blätter zum Teufel zu jagen. Ich habe bisher lediglich eine Wolldecke aus dem Schrank geholt.

Herbst, für zartfühlende Gemüter wie mich eine schwierige Jahreszeit. Was ist das alles, wenn nicht eine hinterhältige Attacke auf das Gemüt des Ü50-Mannes? »Kannst einpacken, Alter, die beste Zeit ist vorbei!«

Wenn die Blätter fallen, wühle ich mich gern ins Sofa, lese halb vergessene Bücher und nippe dabei an einem Kakao mit Rum.

Doch leider wird die Frau im Oktober von einer seltsamen Unrast befallen, gleich einem Zugvogel, der den Flug nach Süden nicht verpassen will. In Arbeitsklamotten steht sie vor mir und sagt: »Dein Herbstblues ist nichts weiter als Serotoninmangel durch fehlendes Sonnenlicht, das lässt sich am besten mit Gartenarbeit beheben.«

Doch diesmal bin ich vorbereitet.

Ich zeige ihr den medizinischen Ratgeber auf meinem iPad und sage: »Weißt du, was der Körper jetzt braucht? Ganz viel Sex! Erhöht den Testosteronspiegel. Sorgt für Dopaminausschüttung. Eigentlich könnten wir gleich mal was für die Gesundheit tun.«

Kopfschüttelnd verschwindet die Frau im Garten.

Nach zehn Minuten erscheint sie noch einmal in der Tür und fragt: »Hast du wenigstens einen Termin für die Winterreifen ausgemacht?«

Ich gucke hochmütig. »Sind längst drauf.«

Die Frau gibt sich geschlagen, wenig später höre ich die Heckenschere im Garten rattern.

Zufrieden vertiefe ich mich in mein Buch. Wie gut, dass ich im Frühling zu faul war, die Sommerreifen aufziehen zu lassen!

Wie mein WG-Kumpel mich zu seiner nörgelnden Frau machte

Müde? Erst mal rasieren, dann sieht die Welt gleich ganz anders aus!

Nein, nein, die Welt draußen natürlich nicht. Aber das Waschbecken. Was dazu führt, dass sich die Welt drinnen in Sekunden dramatisch verändert.

Ich will jetzt nicht so hässliche Wörter wie »nörgeln« benutzen, wenn ich über die Frau spreche. Ich sage lieber: Ich erhalte in solchen Situationen ernsthafte, von Zuneigung und Fürsorge geprägte Hinweise, die allesamt besagen: PUTZ DAS VERDAMMTE WASCHBECKEN, sonst gibt es …

a. 24 Stunden schlechte Laune!
b. die nächsten acht Wochen definitiv keinen Sex!
c. dieses hinreißende Paar Stiefel für 249 Euro, und zwar für sie!

Nun könnte man als Mann natürlich denken: Moment mal, warum reden wir nie über die Macken der Frau? Zum Beispiel über …

- all die Zalando-Pakete, die sie herankarren lässt und dann mir in den Kofferraum legt, damit ich sie zurück zur Post bringe?

- die 122 Paar Schuhe, von denen sie 47 noch nie getragen hat?
- die Kommode, deren Schubladen sich nicht mehr öffnen lassen, weil sie bis obenhin mit Teelichtern vollgestopft sind?

Das allerdings wäre ein brutaler Anfängerfehler.

Wer als Kerl auch nur auf die Idee kommt, männliche und weibliche Handlungen wie objektive Straftatbestände zu vergleichen, ist ein Unhold, vergisst wahrscheinlich auch, Kinder aus dem Ikea-Småland abzuholen, kauft Katzenfutter, das kein zartes Truthahnfleisch enthält, und wird mit Paartherapie nicht unter sechs Wochenenden bestraft.

Doch wir Kerle brauchen gar nicht groß lamentieren.

Als ich vor einigen Jahren noch Single war, lebte ich kurz in einer Männer-WG. Mit Matze, meinem ebenfalls von der Ehefrau hinausgeworfenen Kumpel. Er fraß täglich den Kühlschrank leer, kaufte nie ein, schmutzte im Wohnzimmer und weigerte sich, im Sitzen zu pinkeln.

In unserer Beziehung entwickelte dann ich mich zur nörgelnden Frau.

Leider ohne jeden Erfolg!

Matze hat mir niemals Schuhe gekauft. Vermutlich, weil ich nicht mit Sexentzug drohen konnte.

Warum auch Hardrocker manchmal Lammfell tragen

Wir waren die Harten. Armin, Franz, Todde und ich. Die Jungs, die für ein bisschen geile Musik durch Schlamm wateten, im Regen tanzten und auf dem nackten Boden schliefen.

Vor 36 Jahren sind wir per Anhalter nach Roskilde. Jetzt rollen wir in Armins Allrad-SUV zur Ostsee. Wir wollen zum »Rolling Stone Weekender« am Weissenhäuser Strand. Der Veranstalter verspricht ein »Indoor-Komfort-Festival«, man kann dazu Apartments buchen.

Harte Gitarrenriffs, weiche Betten. Ein perfekt klingendes Konzept für den maximal mittelalten Hardrocker.

Franz ist heute Rechtsanwalt, Todde Steuerberater, Armin macht IT und ich? Na ja, das lesen Sie ja gerade.

Auf der Fahrt wird wenig über Musik geredet, aber viel über Vorruhestand. Und Todde kriegt bald Enkel.

Wir beziehen unsere Festivalbude. Ich teile ein Zimmer mit Franz und frage: »Was zur Hölle ist das?« Franz hat einen kuschelig aussehenden Nierengurt aus der Tasche geholt. »Lammfell«, erklärt er entschuldigend, »ich kriege schnell Rücken, wenn ich lange stehe.«

Im Flur treffe ich Armin in teurer Outdoorunterwäsche.

Todde zitiert Hape Kerkeling.

»Der Jack Wolfskin!

Das Lammfell!

Hurz!«

Dann glühen wir vor für unsere wilde Rocknacht.

Zwei Tage, vier Bühnen, 28 Bands. Ein paar echt knallharte Burschen aus den Staaten dabei, kein Bierstand mehr als 20 Meter entfernt. Was braucht der Ü50-Rocker mehr?

Mehr Sitzgelegenheiten zum Beispiel.

Nach drei Stunden tun mir die Beine weh. Nach fünf Stunden der Rücken. Aber wir sind Rocker. Während Franz in seinem Lammfell mit Armin pogt, stellen sich Todde und ich zum Headbangen auf.

Ich scheide nach wenigen Minuten aus.

Meine Halswirbelsäule ist mit einem leisen »Knack« auf halbrechts eingerastet. Fortan muss ich stets links von der Bühne stehen, wenn ich eine Band sehen will.

Nach sieben Stunden bin ich taub. Wieder ein Schritt in Richtung Hörgerät!

Beim Schluss-Act humpele ich und blicke verstohlen im Publikum umher. Zum Glück sehen die anderen Grauhaarigen auch nicht besser aus. Ich brülle Franz zu: »Nur alte Säcke hier!« Er brüllt zurück: »Nach uns kommt nichts mehr. Wenn unsere Generation stirbt, stirbt Rock 'n' Roll!«

Am nächsten Morgen kaufe ich Wärmepflaster und Rheumasalbe. Dann machen wir Spa. Und einen Strandspaziergang. Und Nachmittagsschläfchen.

»Guck einer an«, ruft Franz, kurz bevor wir in den zweiten Abend starten, »von unserem Balkon kann man die Zeltbühne hören.«

»Ach«, sage ich, »mit einem Heizpilz ließe sich das aushalten.«

Armin ergänzt: »Im Abstellraum steht einer.«

Todde sinkt seufzend auf einen Liegestuhl. »Gar nicht übel, die Akustik.«

Dann machen wir einen Rotwein auf. Wir sind die letzten Hardrocker. Wir müssen haushalten mit unseren Kräften!

Wenn das WLAN ausfällt, ist die Frau eigentlich ganz nett

»Ich liebe dich!«

»Bist du blau?«

»Nein.«

»Willst du Sex?«

»Nein.«

»WAS ZUR HÖLLE IST DANN MIT DIR LOS?«

Die Frau stürmt wütend raus, um mit der besten Freundin zu telefonieren. Ich höre sie »Der ist so bescheuert« sagen und klappe lächelnd den Laptop der Holden zu, damit das nervige Gequake des *Bachelor*-Streams verstummt.

Sie sehen: Als Mann, der sich gegen eine Frau durchsetzen will, muss man vor allen Dingen Stratege sein.

Natürlich, die Welt hat sich verändert. Unterschiedliche TV-Geschmäcker sind lange nicht mehr das Drama von früher.

Wenn es vor 40 Jahren bei uns zu Hause um die Frage ging: *Derrick* (Mama) oder ein Naturfilm über die Schönheit pazifischer Korallenriffe (Papa), dann hing der Haussegen schief, bis sich der Unterlegene (Papa) grollend ins Schlafzimmer zurückzog und zur Beruhigung drei Bücher von Jacques Cousteau durchblätterte.

Ja, liebe Leser, dies wird gerade die Jüngeren unter Ihnen verwirren: Wir hatten nur einen Fernseher und unser Telefon keinen Touchscreen, sondern eine Aufrolldose für 10 Meter Schnur.

Heute ist das dank Netflix, Sky und Amazon Prime gar kein Problem. Jeder kann gucken, was er will. Wo er will. Wann er will.

Leider will die Mutter meiner Tochter zumeist wirklich nervenzerfetzenden Frauenkram sehen. Und das a) auf dem Sofa, b) wenn ich auch darauf sitze und mich c) total konzentrieren muss, weil ich sonst nicht mitbekomme, wer gerade am Final Table der World Series of Poker mit zwei Zehnern »All In« gegangen ist.

Ich ziehe mich dann oft ins Schlafzimmer zurück. So wie Papa früher, nur ohne Buch, sondern mit dem notwendigen technischen Equipment.

Doch das Familienglück wird manchmal auf harte Proben gestellt. Zum Beispiel durch die begrenzte Kapazität unseres WLAN.

Wenn die Frau gerade *Germany's Next Topmodel* auf dem Laptop guckt, während sie parallel mit dem Smartphone die wichtigsten Nachrichten aus drei WhatsApp-Gruppen screent, meckert unsere Tochter oft, dass ihr *Bibi-&-Tina*-Video auf dem Kindle hakt. Ich habe derweil Probleme, die sechste Staffel von *Game of Thrones* ruckelfrei auf dem MacBook zu sehen, während ich gleichzeitig versuche, mit dem iPhone bei Twitter auf dem Laufenden zu bleiben.

Einmal ist das WLAN bei uns allerdings ganz ausgefallen.

»Seit wann hast du einen Bart?«, fragte die Frau erstaunt, als sie von ihrem Smartphone aufschaute, während ich mich insgeheim wunderte, wie groß das Kind geworden ist.

Wir haben dann eine Flasche Wein aufgemacht und uns beim Abendbrot unterhalten. Die verblüffende Erkenntnis: Bis auf ihren fatalen Mediengeschmack ist die Frau eigentlich ganz nett.

Natürlich will ich ein Grab mit Touchscreen haben

Alles ändert sich. Andauernd! Eben hat man sich daran gewöhnt, dass das Telefon keine Wählscheibe mehr hat, schon muss man mit einer Uhr telefonieren, die dabei die Herzfrequenz misst.

Geht Ihnen das auch alles ein bisschen schnell?

Dann empfehle ich einen Spaziergang über den Friedhof. Habe ich gerade gestern gemacht. Nirgendwo sonst wird das Leben so fulminant entschleunigt. Und seien wir ehrlich: Ewig haben wir Ü50er auch nicht mehr Zeit, um einfach mal auf der Bank zu sitzen, dem Wispern der Blätter zu lauschen und an die Leute vor einem zu denken, die den ganzen Kram schließlich auch irgendwie hingekriegt haben.

Ich musste kurz eingenickt sein. Als ich hochschreckte, war die Sonne verschwunden. Ich blickte mich um. Dort, wo früher die Kapelle gestanden hatte, ragte nun ein Handymast in den Himmel. War mir vorhin gar nicht aufgefallen. Seltsamerweise begannen die Gräber, in der Dämmerung zu flimmern.

Ich stand auf, um mir das anzusehen. Als ich mich einem Grabstein näherte, leuchtete ein Display auf. Ich las: »Leif Lasse Andersson hat die Gruppe verlassen.« Darunter hatte ich die Wahl, auf dem Touchscreen

- Gefällt mir
- Kommentieren
- Teilen

anzuklicken. Ich tippte auf die Kommentare und las:

- »Echt nicht witzig!«
- »Wie seine Kolumnen!«
- »Danke, Merkel!«

Dazu fand ich noch Amazon-Werbung für digitale Grabsteine und Mausoleen mit Glasfaserverkabelung. Ich dachte »Alle Achtung!« und wischte über das Display.

Ein Chatfenster öffnete sich. Ich sah mich um, niemand schaute, also tippte ich zaghaft:

»Hallo?«

»Wie einfallsreich«, kam als Antwort, »und so einer nennt sich Autor!«

»Wer ist da?«

»Du!«

»Wie ist es da unten?«

»Sterbenslangweilig. Zum Glück gibt's hier WLAN. Ich habe mich bei Tinder angemeldet.«

»Und, schon eine in die Kiste gekriegt?«

»Ich lach mich tot« waren die letzten Worte, ehe der Bildschirm erlosch.

Auf dem Weg zum Ausgang sah ich einen Trauerzug mit selbstfahrendem Leichenwagen. Keine Gäste, nur eine quakende Videoschalte. Über mir summten blinkende Quadrokopter und strahlten Selfies des Verstorbenen an die Wolken.

Ich stöhnte.

Jemand rüttelte an meiner Schulter. Es war der Friedhofsgärtner. »Entschuldigen Sie, Sie müssen jetzt aufwachen. Wir schließen die Tore.«

Ich sah mich um. Kein Handymast, keine Displays, nur ein alter Gärtner.

Erleichtert gab ich ihm Trinkgeld. Er grinste und sagte: »Gefällt mir!«

Als ich wegrannte, rief er mir nach: »Vergessen Sie nicht, unserem Friedhof eine Rezension zu schreiben!«

Sex? Das möge Gott verhüten!

Die Nächte werden länger, Frauenfüße kälter, der weibliche Wunsch, sich an etwas Warmes zu kuscheln, verbreitet sich wühlend im Ehebett. Eines führt zum anderen. Und bums, schon taucht diese Frage aus längst vergangen geglaubten Beziehungsepochen auf: »Ähm, wie verhüten wir denn jetzt?«

Die unangebrochene Packung Kondome im Nachttisch erweist sich wegen des 5/2017 abgelaufenen Mindesthaltbarkeitsdatums als ungeeignet. Im Badezimmerschrank finden sich weitere Exemplare, die mit 9/2015 inzwischen Sammlerwert haben sollten.

Das Patschen nackter Sohlen hallt übers Parkett. Müde denke ich darüber nach, wie wir das eigentlich früher gemacht haben.

Nun muss man sich eingestehen, dass der beziehungsimmanente Beischlaf jenseits der 50 auch nicht mehr jeden Tag eine zentrale Rolle spielt.

Meistens sorge ja ich für Verhütung. Die Angewohnheit, mich nur noch dann zu rasieren, wenn ich morgens gute Laune habe, hat mir den Kosenamen »kleiner TALIBANdersson« eingetragen. Den Sex-Appeal scheint der graue Zottelbart auf jeden Fall zu begrenzen.

Früher hat unsere Tochter die Empfängnisverhütung per Funkfernsteuerung übernommen. Wann immer es zärtlich wurde, quakte das Babyfon, und der Ruf ins Kinderzimmer

»Mama kommt gleich!« war zwar sehr, sehr lustig, aber auf Dauer auch ein bisschen unbefriedigend.

Inzwischen hat die Frau das Thema Verhütung auf digital umgestellt. Sie stöbert einfach so lange durch Facebook und eBay-Kleinanzeigen, bis ein leises Schnarchen verkündet, dass im Schlafzimmer keine Gefahr mehr droht.

Mir wird kalt. Ich beende die Suche nach einem Kondom und krabbele wieder ins Bett. Die Frau hat sich bis zum Kinn eingemummelt und zur Wand gedreht. Alles, was ich auf meiner Seite finde, sind ihre kalten Füße.

Ich frage: »Willst du noch Sex?«

Sie murmelt schläfrig: »Das möge Gott verhüten.«

Warum ich der Frau dauernd Rosen schenke

»Einen Latte macchiato zum Mitnehmen, bitte.«

»Darf es sonst noch etwas sein?«

»Ewige Liebe wäre auch schön.«

»Das macht dann 3,60 Euro.«

Keine Sorge. Entscheidende Teile des obigen Dialoges fanden ausschließlich in meinem Unterbewusstsein statt. Das wäre sonst ja auch peinlich gewesen.

Spontan verliebt in viel zu junge Frauen. Sie kennen das von älteren Prominenten.

Als Ü50-Mann entwickele nun aber auch ich immer öfter romantische Gefühle für die völlig falsche Altersklasse. Auslöser dafür ist schlicht jede Form von Freundlichkeit.

- Ein Lächeln der Edeka-Kassiererin lässt mich von einem gemeinsamen Urlaub träumen.
- Auf der Hunderunde himmele ich fremde Frauchen an, die »Oh, wie niedlich!« sagen, aber das Hundekind meinen.
- Als mir die Zahnarzthelferin während der Wurzelbehandlung den Handrücken tätschelt, erspart ihr nur der Speichelsauger in meinem Mund eine spontane Liebeserklärung.

Die Träumereien, denen ich mich hingebe, handeln keineswegs von schnöden Begierden, sondern von reiner, körperloser Liebe. Das ist auch gut so. Keine erotische Fantasie dieser Welt hätte Bestand, wenn darin neben mir auch noch mein Ü50-Körper herumächzen würde.

Meistens gelingt es mir, den Ort meiner Spontanverliebtheit zu verlassen, bevor ich mich zu einem Antrag hinreißen lasse. Dieser würde auch eine Menge Scherereien mit sich bringen, vor allem zu Hause.

Sobald der Liebesrausch verklungen ist, bekomme ich ein fürchterlich schlechtes Gewissen und bringe der Frau Blumen mit. Die Schönste, Tollste, Klügste, Liebevollste der Welt ist nämlich sie!

Aber sie bekommt sehr oft Blumen.

Die Freundinnen der Frau finden das süß von mir und sagen das ihren Männern.

Die Männer der Freundinnen der Frau halten mich für einen Schleimer.

Weil mich diese Entwicklung beunruhigt, suchte ich unlängst eine junge Psychologin auf. Sie diagnostizierte meine Furcht vor dem einsetzenden körperlichen Verfall sowie einen ausgeprägten Mutterkomplex. Letzteres verblüffte mich, aber sie sagte, ich würde mit meiner Sehnsucht nach einer jungen Frau lediglich die frühe Kindheit wiederholen wollen, in der die Brüste meiner Mutter in der Lage waren, all meine Ängste zu stillen.

Die Psychologin riet mir, offen mit dem Problem umzugehen, nur so könne ich zu einer gefestigteren Persönlichkeit reifen. Ich habe sie zum Abschied gefragt, ob sie mich heiraten will.

Ich bin dann nie wieder hingegangen. Und auf dem Heimweg hab ich noch im Blumenladen vorbeigeschaut. Sie wissen schon. Schnell ein paar Rosen kaufen.

Sachen, die Ü50 echt super sind!

1. Die Oldieprogramme im Radio werden besser.
2. Wer einen Hund will, holt sich einen.
3. Waschmaschinen schleppen jetzt die Jungen.
4. Ich kann viel länger ohne Sex.
5. Unangenehme Dinge vergesse ich einfach.
6. Wir sind gar nicht starrsinnig, wir wissen es wirklich besser.
7. Einen Bauch haben macht endlich Sinn.
8. Man hört nicht mehr alles, was die Frau gerade sagt.
9. Wir können jetzt auch platonisch lieben.

Senile Bettflucht? Ich bin bloß der, der im Bett flucht

»Du willst schon nach Hause? Es ist Viertel vor zwölf!«

»Aber das sag ich doch! Es ist allerhöchste Zeit.«

Ich gebe es zu. Ich bin nicht mehr das Feierbiest von früher.

In Hamburger Studententagen fingen die Feten (ja, so hieß das damals) nie vor Mitternacht an. Und nach Hause ging es sowieso erst, wenn die Getränke alle waren und nur die letzten, schwer vermittelbaren Singles in der Hoffnung ausharrten, vielleicht doch noch jemanden für die Nacht zu ergattern.

Und nun werden alle um mich herum 50 und veranstalten riesige Partys, obwohl ich eigentlich viel lieber zu Hause bleiben, den Hund kraulen, Netflix gucken und vielleicht noch einen Pfefferminztee trinken würde.

Aber so ist das nach all den Jahren, in denen einen die Kinder jeden verdammten Morgen aus dem Bett gequengelt haben. Gegen 23 Uhr meldet sich der Biorhythmus zu Wort und erinnert gähnend daran, dass dieser sanierungsbedürftige Körper besser noch sieben Stunden Schlaf bekommen sollte. Denn eines steht fest: Ganz egal, was in dieser Nacht noch passiert, um 6 Uhr wird sie zu Ende sein!

Die Frau dreht sich dann noch einmal um und schläft einfach weiter. Aber sie hat auch keine Prostata, die den Ü50-Mann vor die Wahl stellt, entweder aufzustehen oder ins Bett zu machen. Und wenn man eh schon hoch ist, kann man auch den ersten Kaffee trinken und mit dem Hund rausgehen.

Senile Bettflucht nennen das viele. Dabei bin ich bloß der, der im Bett flucht, weil er gerne noch liegen bleiben würde.

Betrüblich ist die nachlassende Kondition im Freundeskreis für die vielen Ausrichter privater Ü50-Partys.

Ein Bekannter zwang uns mit einem boshaften Trick, bis Mitternacht durchzuhalten. Er feierte einfach in seinen Geburtstag hinein. Minuten nach dem übermüdeten »Happy Birthday«-Ständchen saß er allein inmitten seines Geschenkestapels.

Eine Freundin versuchte es mit einer chilligen Lounge als Party-Location, was sich als voller Erfolg entpuppte. Viele Gäste gingen erst bei Sonnenaufgang. Nachdem sie vorher in ihren Sesseln geweckt werden mussten.

Was also tun für eine Ü50-Party, von der hinterher alle sagen, es sei die beste des Jahres gewesen?

Ich werde meine nächste Feier dem Biorhythmus anpassen. Die Gäste kommen zum Brunch, nach einem gemeinsamen Mittagsschlaf gucken wir Serien, und um spätestens 17 Uhr werden alle von ihren erwachsenen Kids abgeholt.

So wie früher Kindergeburtstag. Bloß eben andersherum.

Warum ich dringend neue Freunde brauche

Eine Sportsbar in Hamburg. Auf dem Flatscreen läuft Darts, was Erinnerungen an meine Jugend weckt. Ich schwenke die Bierflasche in Richtung TV und frage meinen Kumpel Armin: »Hab ich mal erzählt, wie Piet mit einem Dartpfeil die ganze Kneipe verdunkelt hat?«

Armin nickt wortlos. Ich verfalle in enttäuschtes Brüten. Ich hätte diese Episode so gern aus meiner Erinnerung gekramt.

Passiert Ihnen das mit zunehmendem Alter auch immer öfter?

Da wollen Sie mit Anekdoten aus Ihrem Leben brillieren, und am Ende kommen Sie sich vor wie Opa, wenn er vom Krieg erzählt.

»Apropos Stromleitung«, sagt Armin nach einer Weile. »Weißt du noch, wie Matze mal auf den Elektrozaun von der Kuhweide gepinkelt hat?«

»Weißt du noch?« ist die subtilere Variante von »Hab ich das schon mal erzählt?«. Die Staubschicht auf der Story ist dieselbe, aber wenn's gut läuft, reißt der Appell ans Gemeinschaftsgefühl die Sache wieder raus.

Ich brumme: »Wir brauche neue Freunde. Die alten kennen alle Geschichten.«

Wir zahlen. Bei unserem letzten Blick auf die Darts-Übertragung sagt Armin: »Du hast es gut. Du schreibst wenigstens ein Buch. Die Leute, die das kaufen, können sich nicht wehren.«

Meine Laune verbessert sich schlagartig. Zu Hause klappe ich den Laptop auf und tippe: »Hab ich das eigentlich schon mal erzählt?«

Ja, verehrte Leser, es tut mir leid, aber jetzt werden eben Sie erfahren, dass Piets Pfeil damals so unglücklich von der Dartscheibe abprallte, dass er sich senkrecht in eine Stromleitung bohrte, die der Wirt auf der Fußleiste verlegt hatte.

Das Ergebnis waren ein kapitales »Fump« sowie zwei Dutzend Gäste, die ihre Gläser stehen ließen und sich aus der dunklen Kneipe tasteten. Und drei sehr betrunkene Jugendliche namens Piet, Matze und Leif, die zum Schein ihrer Feuerzeuge alle Reste aus den verwaisten Gläsern tranken, während der Wirt fluchend an der Schraubsicherung fummelte.

Jetzt gucken Sie mal nicht so kritisch. Opas Geschichten waren damals auch nicht spektakulärer!

Wie ich mit Fake News jeden Ehekrach gewinne

»Du bist dran mit Häufchensammeln.«

»Ich war gestern!«

»Gestern warst du nicht mal mit auf der Hunderunde!«

»Vorgestern?«

»Das letzte Mal Häufchen gesammelt hast du Dienstag vor einer Woche! Vormittags.«

Dauernd verliere ich Diskussionen mit der Frau. Weil sie so ein phänomenales Gedächtnis hat. In ihrem Kopf hortet sie Zahlen, Daten und Fakten, um sie bei jeder Gelegenheit gegen mich zu verwenden.

Und sie irrt sich nie!

Doch vor Kurzem – ich las gerade, dass Donald Trump nach Zählungen der *Washington Post* die zehntausendste Unwahrheit seiner Amtszeit behauptet hat – kam mir die Lösung für dieses Problem: Fake News! Ich musste mit Fake News operieren.

Was ist so ein argumentativ ausgetragener Beziehungsstreit doch für eine sinnlose Sache. Rede, Gegenrede, Grollen, Schmollen, Tränen. Und auf finalen Versöhnungssex braucht man nach Jahrzehnten des Zusammenseins auch nicht zu hoffen.

Ich setzte mich also aufs Sofa und entwarf die Grundzüge einer neuen Streitstrategie nach amerikanischem Vorbild. Wie ich es in Seminaren für Eigenorganisation gelernt hatte, klebte ich kleine gelbe Zettel auf den Wohnzimmertisch.

Ich notierte: »Make America great again!«

Dann ließ ich die Gedanken schweifen. Ich könnte meinen Penis Amerika nennen und hoffen, dass die Frau ... Nein, diese Fährte würde nirgendwohin führen, außer zu erbosten Leserbriefen.

Dann schrieb ich auf: »I did not have sexual relations with that woman!«

Aber da fiel mir ein, dass dies gar nicht Donald Trump gesagt hatte, sondern Bill Clinton, der im kollektiven Gedächtnis des Ostküsten-Amerikaners trotzdem der Gute geblieben ist, während seine betrogene Ehefrau später die Wahlen gegen Trump verlor.

Zum Glück kam mir ein TV-Beitrag in den Sinn, den ich vor einiger Zeit gesehen hatte. Verschiedene Amerikaner wurden mit diversen Aussagen Trumps konfrontiert. Sie sollten sich für »wahr« oder »unwahr« entscheiden. Kein einziger blickte da noch durch.

Ich notierte: »Verwirrung stiften«, dann ging ich zufrieden ins Bett.

Beim nächsten Spaziergang senkte der Hund wieder einmal den Hintern. Die Frau sah mich an. Ich aber blickte mit visionär zusammengekniffenen Augen in die Ferne und sprach:

»Ich habe sehr wohl gestern Häufchen gesammelt.«

»Dieser Hund ist ein ganz neues Modell, der macht keine Häufchen.«

»Ich habe gar keinen Hund.«

Dann winkte ich siegesgewiss in die imaginäre Menge und nutzte die Verblüffung der Frau, um mich eilig vom Tatort zu entfernen. Beim Blick über die Schulter sah ich sie am Häufchenbeutel nesteln.

Nach diesem erfolgreichen Fake-News-Test überlege ich, ob damit vielleicht sogar eine Karriere als US-Präsident möglich wäre.

Kann ein Schmetterling auf dem Penis beim Flirten helfen?

»Wieso hat die Oma einen Hirsch auf dem Popo?«, fragte meine Tochter.

»Psssst!«, raunte ich.

Aber da schwamm die Frau mit dem Steißtattoo bereits auf uns zu.

Als eher älterer Vater einer jungen Tochter gehe ich samstags gerne ins Freizeitbad. Das Kind kann sein Seepferdchen-Abzeichen spazieren schwimmen, während ich freundschaftliche Kontakte zu jüngeren Singlemamas knüpfe.

Denn dies ist der entschiedene Vorteil der nassen Location: Niemand kann sich hinter seinem Smartphone verstecken und Smileys verschicken. Man muss glatt noch selbst lächeln, was zu erstaunlich zwischenmenschlichen Resultaten führt. Mehr Small Talk mit dem anderen Geschlecht führe ich tatsächlich nur noch auf der Hundewiese, aber da tragen die Gesprächspartner halt nie Bikini.

Umgekehrt deckt so ein Badeparadies schonungslos auf, welche Verheerungen das Alter an unseren Körpern angerichtet hat. Weshalb ich als dezent verfetteter Ü50-Mann das brusthohe Wasser nur selten verlasse.

Aber machen wir uns nichts vor. Die Gravitationskräfte unseres Heimatplaneten haben auch vor jenen Mädels nicht haltgemacht, die wir vor 30 Jahren unglaublich scharf fanden. Und jetzt rückt die erste Generation von Steißtattoo-Trägerinnen in die Altersgruppe Ü50 auf.

Arschgeweih, so lautete Anfang der 90er-Jahre die uncharmante Bezeichnung, als die ersten gestochenen Kunstwerke quer über dem verlängerten Rücken junge Männer wie mich verwirrten. Schließlich hatten wir noch gelernt, dass man tätowierte Menschen besser nicht anspricht, denn sie hatten diese fatale Neigung, grünschnäbeligen Studenten in der Seemannskneipe eine Buddel Astra über den Schädel zu ziehen.

Und plötzlich trug jedes zweite Date ein Geweih zwischen bauchfreiem Top und Hüftjeans! Manchmal fragte man sich beim Händchenhalten auf dem Waldspaziergang besorgt, ob bereits ein übereifriger Jäger auf den kapitalen Sechzehnender der neuen Freundin angelegt hatte.

Und ich?

Ich bin wirklich froh, dass der verwegenste Plan meiner ausschweifenden Singlejahre an der Knauserigkeit meiner Kumpels gescheitert ist. Im Zustand kollektiver Trunkenheit hatte wir folgende Wette abgeschlossen: Wenn meine Freunde das Tattoo bezahlten, würde ich mir in der gleichen Nacht ein Zitronenfalterpärchen auf den Penis stechen lassen. Wir wollten die These überprüfen, ob »Naaaa? Auch mal wieder Lust auf Schmetterlinge im Bauch?« wirklich die perfekte Eröffnung eines Flirtversuchs sein würde.

Und da schwamm sie nun direkt neben uns, die grauhaarige Frau mit dem historischen Arschgeweih. »Das ist ein Tattoo, mein Schatz«, sagte sie zu meiner Tochter. »Wir Omas waren auch mal jung und hübsch!«

Ich nickte beipflichtend und sagte: »Das kann ich wirklich nur bestätigen!«

So lassen sich Computerprobleme mit einem Schnitzel lösen

»Hey Sohn, wieso kriege ich im Urlaub kein deutsches TV über Internet?«

»Wahrscheinlich Ländersperre. Google mal, ob du deine IP über VPN aus Deutschland laufen lassen kannst.«

»Ähem! WAS?«

»Ach Papa, ich hab jetzt keine Zeit. Und das schafft ein Dreijähriger.«

Verehrte Leser, ich hoffe wirklich, Ihr Sohn ist im WhatsApp-Dialog nicht so rotzlöffelig wie meiner, sondern behandelt Sie mit der gebotenen Ehrerbietung und aller Fürsorge, die Ihnen als Erzeuger, Vater und Ü50-Mann in den allerbesten Jahren zusteht.

Und ich hoffe, Sie können Schnitzel braten!

Sie kennen das wahrscheinlich: Da sitzen Sie zu Hause vorm Fernseher, plötzlich haben sich über Nacht alle Kanäle verstellt und Sie finden die *Sportschau* nicht wieder. Oder das WLAN hakt. Oder das Antivirenprogramm verlangt ein Update. Oder, oder, oder …

Diese digitale Welt steckt voll verwirrender Problemstellungen, und niemand fragt mehr danach, ob Sie bei einem 1972er-Opel mit nichts als einem Schraubenzieher bewaffnet den Leerlauf einstellen können, wie Sie es einst von Ihrem Vater gelernt haben.

Und was macht man da? Ich suche den Schlachter meines Vertrauens auf.

Schließlich haben wir einen meist hungrigen Technikfreak in der Familie. Vor 25 Jahren habe ich ihm die Windeln gewechselt, vor zwölf Jahren den Familien-PC im Schrank verschlossen, weil ich keine Lust hatte, den pubertierenden Jüngling jede Nacht um 3 Uhr vom Computer wegzuzerren. Aber kaum habe ich erkannt, wie wertvoll so ein Digital Native sein kann, zieht der Bursche aus und kommt nur noch alle paar Wochen nach Hause.

Wenn ich also digitalen Support brauche, schicke ich eine WhatsApp an Sohnemann, dass es Papa-Schnitzel gibt, extradünn geklopft, mit viel Ei, einem Hauch Steakpfeffer und einer Prise Curry in der Panade. Dazu Gurkensalat und Pommes. Sein Lieblingsessen, das hat ihn noch jedes Mal zuverlässig nach Hause gelockt.

»Mann, Papa, echt, wann lernst du das?«, sagt der Sohn dann kauend, tippt einige Sekunden auf dem Display des aktuell streikenden Endgerätes herum und gibt es mir mit einem vorwurfsvollen Seufzer zurück.

Die Szenerie kommt mir irgendwie bekannt vor. Als ich meinen Eltern vor 30 Jahren einen Videorekorder schenkte, musste ich alle naselang vorbeikommen, um die abendlichen Aufnahmen zu programmieren. Das hat genervt! Vor allem, weil ich wusste: Mama und Papa hören auch bei der hundertsten Geräteeinweisung nur deshalb aufmerksam weg, damit ich sie öfter besuche.

Aber kehren wir doch noch einmal in meinen Urlaub zurück. Nachdem ich eine Weile gekränkt am Pool saß, googelte ich, fand den Artikel »Deutsches TV im Ausland via Internet – so geht's«, und drei Minuten später lief der Livestream.

Ha! Soll der junge Herr doch sehen, wo er sein nächstes Schnitzel herbekommt!

Alt ist, wenn du vom Niesen Hexenschuss bekommst

»Hast du gerade einen Orgasmus?«

»Aua!«

»Einen Hexenschuss?«

»Ja, verdammt!«

»Also, vom Gesichtsausdruck ist das echt ähnlich.«

Oft finde ich es schön, eine Lebensgefährtin mit Sinn für Humor zu haben. Aber nicht immer. Zum Beispiel dann nicht, wenn ich mich stöhnend an die Schlafzimmerkommode klammere und versuche, meinen Körper wieder in aufrechte Position zu bringen.

Jawohl, ich habe mir einen Hexenschuss zugezogen. Und nein, ich habe nichts Schweres gehoben. Ich habe einfach geniest, und jetzt weiß ich nicht, ob ich mit dieser Nummer zum Orthopäden oder zum Zirkus gehen soll.

Ich balancierte vornübergebeugt auf dem linken Bein, hielt den Bund der Jeans mit beiden Händen und zielte mit dem rechten Fuß in Richtung Hose, als ich in der Nase ein leises Kribbeln spürte. Während ich noch überlegte, was jetzt zu tun sei, löste sich der Nieser und fand sein Echo Millisekunden später in einem flammenden Schmerz in meiner Lendenwirbelgegend.

Man kann es drehen und wenden, wie man will: Der männliche Körper ist für mehr als 50 Jahre einfach nicht gemacht.

Der Morgenerektion fehlt die Spannkraft, der Blase die Ausdauer, die Kniegelenke mahlen unter beginnender Arthrose, im Rücken zwickt es bei jeder zweiten Bewegung, und nach 40 Jahren mit cooler James-Dean-Kippe im Mundwinkel röhrte die letzte Bronchitis wie ein Lamborghini in der Fußgängerzone. Das alles wirft die Frage auf, warum Gesundheitsminister Jens Spahn nun auch Leute wie mich als Organspender haben will. Wenn ich eines Tages mit diesem Körper fertig bin, sollte von einer weiteren Verwendung wirklich abgeraten werden.

Auch die Frau wirkt neuerdings irgendwie genervt. »Irgendwas hast du in letzter Zeit immer«, sagt sie, während sie mir ein Wärmepflaster auf den Rücken klebt.

Aber vielleicht ist sie auch einfach neidisch.

Schon bei der Männergrippe zu Weihnachten musste sie mich mit Tee, Keksen, kaltem Braten und Zeitungen versorgen. Jetzt, da ich leidend an diesem Hexenschuss-Text sitze, brauche ich halt viel Kaffee, ab und zu ein Schnittchen und regelmäßig warme Kirschkernkissen.

»Dafür habe ich kein PMS«, rufe ich der Frau nach, als sie den Raum verlässt, aber das hört sie zum Glück nicht mehr. Dann sofort schießt mir eine Idee durch den Kopf, und ich murmele: »Wieso eigentlich nicht?«

Mir wegen hormoneller Stimmungsschwankungen die Füße massieren, den Kopf kraulen und Schokolade bringen zu lassen, das wäre vielleicht ein gutes Projekt für die Zeit nach dem Hexenschuss.

Warum Onlinedating so aussichtslos wie Regenwaldretten ist

Ach, Sie haben gar keine Frau? Und Sie wollen das ändern? Dann wird's aber höchste Zeit, dass wir mal über Internetdating reden!

Mit über 50 bedeutet Partnersuche ja oft: ER hätte gerne noch mal Sex, SIE fände einen kostenlosen Handwerker hilfreich. Solange beide auf Basis dieser stillschweigenden Abmachung operieren, kann das durchaus für eine Beziehung reichen. Doch leider schläft ER nach drei Monaten wieder vor dem Fernseher ein, und auch SIE wird bei Durchsicht seiner Feinrippschlüppis nicht mehr jedes Mal richtig angetörnt.

Sie sehen also, es hat Gründe, dass in Deutschland über 20 Millionen Singles leben.

Aber ich will Ihnen das Dating gar nicht ausreden. Ich habe das auch jahrelang gemacht – bis meine Lebensgefährtin mich vom Singlemarkt fischte.

Doch zurück zur eher technischen Seite. Wie geht das eigentlich?

Zunächst muss der Mann ein Profil ausfüllen, auf dem er seine Vorzüge aufzählt. Von Ihnen wird erwartet, dass Sie lässig, kultiviert und vielseitig interessiert wirken, einen festen Job haben, einen Hauch ungezähmter Wildheit versprühen und, ohne zu klagen, den Müll runterbringen. Zum Glück sind solche Kerle zumindest in diesem Universum rar gesät, weshalb die meisten Frauen am Ende doch wieder Typen wie Sie und mich nehmen müssen.

Problematisch ist auch die Auswahl Ihrer Fotos.

Nein, ich spiele weder auf graue Haare, Tränensäckchen noch Altersbäuchlein an, da hat die Frau über 50 schon so viele Schrecken gesehen, dass sie abgehärtet ist. Ich möchte Sie lediglich für die Wahl des Bildhintergrundes sensibilisieren. Sie glauben gar nicht, mit welch detektivischer Sorgfalt Frauen Ihr Foto auf verdeckte Informationen scannen.

Verranzte Möbel, halb volle Aschenbecher, Poster von Samantha Fox im Hintergrund? SCHLECHT!

Sylter Dünen, Pariser Straßencafés, Kitzbühel im Winter? BESSER!

Begreifen Sie Ihr Foto bitte als Auftakt zu einer sorgsam inszenierten Imagekampagne. Wenn Werbung es schafft, Männern einzureden, sie könnten den Regenwald durch Biertrinken retten, werden Sie ja wohl eine Frau von sich überzeugen können!

Tja, und jetzt kommt ein besonders wichtiger Tipp.

Schwindeln Sie unbedingt bei Alter und Gewicht. Das machen nämlich alle. Wenn Sie als einziger Naivling wahrheitsgemäß 53 Jahre und 85 Kilo beichten, wird jede erfahrene Singlefrau denken, Sie seien mindestens 68 und wögen zwei Zentner.

So! Sie haben das alles ordentlich erledigt? Dann gehen wir davon aus, dass Sie in Kürze Ihr erstes Treffen mit einer Frau haben werden. Und keine Bange: Sie werden das schon irgendwie vermasseln …

Fünf wichtige Tipps für Ihr erstes Date

Ein Mann und eine Frau im Café. Sie sitzen derweil am Nebentisch und wundern sich: Warum gucken die nicht ins Handy so wie ganz normale Paare? Kein Grund, einen Arzt zu rufen! Wahrscheinlich werden Sie gerade Zeuge eines First Date.

Millionen Singles suchen einen Partner, der irgendwie schöner und cooler ist als sie selbst. Wenn wir der Werbung eines großen Flirtportals glauben dürfen, verliebt sich alle elf Minuten einer von ihnen. Was das Marketing nicht erwähnt: Bis dahin geht alle elf Sekunden ein Date krachend in die Grütze. Und etwa alle 0,11 Sekunden schwört sich ein frustrierter Single, nie wieder so eine peinliche Verabredung zu treffen, nur noch Netflix-Serien zu gucken und dabei Chips zu essen.

Es ist also höchste Zeit für ein paar wichtige Tipps …

Riskieren Sie doch zur Vorbereitung mal einen Blick in den Spiegel. Wenn Sie es auf die harte Tour vertragen, gerne auch nackt.

Sie haben trotz Ihres Alters einen stahlharten Hintern, muskulöse Unterarme, breite Schultern, schmale Hüften und dazu ein Antlitz wie Ryan Gosling? Dann vergessen Sie diesen Text und passen Sie auf, dass Sie auf der Straße nicht von ausgehungerten Singlefrauen angefallen werden!

Okay, kleiner Witz, Entschuldigung!

Was also sehen wir realen Ü50-Männer im Spiegel? Mehr Birne als V-Form, eher A-Körbchen als Brustmuskulatur, und den Bizeps halten wir auch besser nicht in den Wind, die ausgemergelte Haut könnte sonst wie eine Fahne flattern.

Aber das ist alles egal! Wichtig ist nur, auf sein Spiegelbild zu hören. Das kann nämlich sprechen. Meines sagt dann immer: »Zieh weite Klamotten an, Alter, und tu so, als wärest du witzig oder hättest Geld.«

Das Date fängt an. Und nun?

- Stellen Sie Fragen, und nein, nicht die nach der Lieblingsstellung. Hören Sie zu. Nicken Sie viel und raunen Sie Sachen wie: »Echt?« Oder: »Super, wirklich!« Lassen Sie die Frau reden, das wird später ja nicht anders werden, und so können Sie früh Ihre Beziehungstauglichkeit unter Beweis stellen.
- Wirken Sie harmlos und dekorativ. Nutzen Sie wissenschaftliche Erkenntnisse aus Millionen Einkaufswagen, die von weiblicher Hand durch Ikea geschoben wurden: Wenn Sie wollen, dass eine Frau Sie mit nach Hause nimmt, müssen Sie denken wie eine Packung Teelichter!
- Achten Sie unbedingt auf die Körpersprache. Nestelt die Frau zum Beispiel am Pfefferspray, ist es wahrscheinlich noch zu früh für den ersten Kuss.
- Wenn es dann irgendwann knistert und Ihr Date fragt: »Wann hattest du zum letzten Mal Sex?«, sagen Sie auf keinen Fall: »Vor drei Stunden.« Außerdem meinte sie Sex mit einer anderen Frau.
- Das Date ist vorbei, Sie haben die Rechnung bezahlt und die Frau nach Hause gebracht? Bedanken Sie sich in einer gefühlvollen WhatsApp-Nachricht für den schönen Abend. Wenn die Antwort nicht innerhalb von 33 Sekun-

den aus mindestens drei Herzchen-Smileys besteht, suchen Sie sich ein neues Date.

Oder eine neue Netflix-Serie. Sie werden ja wohl noch ein paar Kartoffelchips im Schrank haben?

Tempolimit? Hinter mir fährt eh keiner schneller als 80

Porschefahrer, so heißt es oft, hätten alle einen kleinen Penis. Was für ein Quatsch! Ich zum Beispiel habe gar keinen Porsche!

Es wird so viel Unsinn über Autofahrer geredet, höchste Zeit, das Thema mit dem gebotenen Ernst zu behandeln. Sprechen wir also über Dieselstinker, Feinstaub, Fahrverbote. Und natürlich auch über die wichtigste Frage: Braucht Deutschland ein Tempolimit?

Ich habe zu diesem Thema eine Umfrage im Familienumfeld gestartet.

- Opa sagt: »Ich brauche kein Tempolimit. Hinter mir fährt sowieso keiner schneller als 80.«
- Die Frau sagt: »Ein Tempolimit wäre schon schön, gern auch mal beim Vorspiel.«
- Der Schwager sagt: »Im Stau ist mir eigentlich egal, ob ich keine 200 oder keine 130 fahre.«
- Oma sagt: »Wir fahren weg? Ich mache uns schnell noch einen Wurstsalat.«
- Das Kind blickt vom Handy auf und schreit: »Sind wir bald dahaaaa?«

Wichtige Hinweise zum Thema Tempolimit erhalten wir auch auf dem Rückweg aus dem Dänemark-Urlaub.

Nachdem Tausende von braven Familienvätern mehrere Stunden lang smooth wie Smørrebrød mit 130 über den Motorvej gezockelt sind, werden wenige Meter nach Überquerung des Grenzüberganges die Gaspedale in Richtung Bodenblech gepresst. Wozu hat der Familienkombi denn 240 PS, wenn Papa niemanden mit der Lichthupe von der linken Spur jagen darf?

Wie gut, dass inzwischen fast alle Autos über ABS verfügen, 5 Kilometer weiter, beim Einfädeln vor der ersten einspurigen Dauerbaustelle, bremst es sich so einfach sicherer von 230 auf 0 herunter.

Aber natürlich müssen wir auch über Dieselstinker reden.

Da in Hamburg etwa 2,1 Kilometer Straße gleich neben dem dunstgeschwängerten Hafen für alte Diesel gesperrt wurden, erwäge ich, mit meinem Schwager Lutz ein Start-up zu gründen: Wir wollen alte Diesel durch die Fahrverbotszone ziehen – mit Lutzis auch nicht besonders sauberem, aber erlaubtem Benziner. Die Touren werden mit einer »App-Schlepp-App« koordiniert. Sobald mein Aufstieg zu Deutschlands erstem Feinstaubmillionär gesichert ist, kaufe ich einen Porsche, und – fragen Sie die Frau – da passt dann plötzlich wieder alles!

Aber was, wenn die irgendwann auch meinem Porsche an den Auspuff wollen?

Dann buche ich aus purem Trotz sofort eine Kreuzfahrt und zeige meiner Geburtsstadt beim Ablegen, wer hier den größten Feinstaubhammer hat. Im Schutz der Qualmwolken aus den 40 000 PS starken Schiffsdieseln können vielleicht auch ein, zwei Euro-5-Stinker unerkannt durch die Fahrverbotszone huschen.

Warum ist der böse Blick so schick?

Erinnern Sie sich noch an Ihr knuffigstes Auto?

Bei uns war das Mitte der 90er-Jahre ein blauer Twingo mit Faltdach und Glubschaugen. Die Frau hatte den Kindern erlaubt, die Scheinwerfer mit aufgeklebten Wimpern zu verzieren. »Twingi« wurde der süße Fratz genannt, er galt als Familienmitglied, und seine Geschwister streichelten ihn, bevor sie auf die Rückbank kletterten.

25 Jahre sind vergangen. Twingi hat sein liebes Leben längst in irgendeiner Schrottpresse ausgehaucht. Ich rolle mit seinem Nach-Nach-Nachfolger im Dunkeln über die A7.

Hinter mir fährt eine irgendwie missmutig wirkende Frontpartie auf. Unter verkniffen zusammengezogenen Augenbrauen aus Leuchtdioden wirft mir die Lichthupe flackernde Blicke zu. Ich muss an einen Samurai denken, ehe er zum Schwerthieb ansetzt. Seufzend schließe ich meinen Überholvorgang ab und kehre auf die rechte Spur zurück.

Ist Ihnen das mal aufgefallen? Nicht nur die Menschen in den Social Media werden immer ruppiger. Auch das Autodesign ist ganz schön aggro geworden.

Inzwischen weiß man gar nicht mehr, wer hinten so furchterregend an der Kofferraumklappe knabbert: Ist das nun ein rasanter Sportwagen oder nur ein Polo, der sich als Rakete verkleidet hat?

Ein schönes Spiegelbild unserer Gesellschaft. Kein Mensch will saubere E-Motoren – doch der böse Scheinwerferblick ist schick.

Aber schließlich fahren wir alle, was wir sein wollen.

Designierte Zweitwagen mit hohem Frauenanteil und Kindersitzen in der Zielgruppe dürfen zwar nach wie vor einen Hauch Kindchenschema im Kühler haben.

Wer allerdings jungen Männern Autos verkaufen will, muss diese mit leuchtender Kriegsbemalung versehen. Wobei die Designformel lautet: Je Testosteron der Käufer, desto schielender die Karre.

Von hinten rauscht etwas richtig Schnelles ran. Keine böse Fratze, sondern sympathische runde Scheinwerfer, ein bisschen so wie Twingi damals.

Als er vorbeiprescht, bewundere ich das schlichte Lichtband an seinem Heck. Ein 911er Porsche. Ab 350 PS aufwärts sinkt offenbar das Bedürfnis, die Mitmenschen schon aus 500 Metern Abstand einzuschüchtern.

Zu Hause googele ich nach Preisen für den Porsche. Könnte im Familienrat am Einspruch der Frau scheitern.

Aber was ist, wenn ich ihm niedliche Wimpern aufklebe?

Wie altert man in Würde, wenn das Kind auf dem Rücken »Hühaaa!« schreit?

»Man darf nicht mit Lego auf andere werfen!«

»Aber du hast angefangen!«

»Aber du bist mein Papa!«

Sprechen wir doch einmal davon, wie schwer es für den modernen Ü50-Mann geworden ist, in gottgegebener Würde zu altern!

Mein Vater saß damals viel im Lehnsessel, las Zeitung und schlief über der Lektüre ein. Wir Kinder liefen dann auf Zehenspitzen umher. Wenn mich auf dem Sofa mal die Müdigkeit übermannt, hält meine Tochter mir die Nase zu und tadelt: »Du schnarchst, das stört mein Barbie-Pferd!«

Generell werde ich von diesem niedlichen, aber willensstarken Grundschulkind als eine Art Leibsklave gehalten, über Spielplätze gezerrt, zum Memoryspielen gezwungen und regelmäßig meines Smartphones beraubt. Auf diesem befinden sich nämlich diverse Kinder-Apps, ich erwäge deshalb den Erwerb eines Zweithandys für mich.

»Jammern Sie nicht, Herr Andersson!«, werden Sie sagen. »Was zeugen Sie auch mit Ende 40 noch ein Kind?«

Aber ich jammere gar nicht immer. Oft ächze ich auch bloß.

Man sitzt halt nicht mehr so gut im Schneidersitz auf dem Kinderzimmerfußboden, und wenn doch, gehört das Aufstehen vom Legobauen zu den würdelosesten Arten, den

Arsch nicht mehr hochzubekommen, die man sich vorstellen kann.

Ich rolle mich dann zunächst auf alle viere und krabbele zum Hochbett, um mich daran emporzuziehen. Das Kind hat jedoch Spaß daran, diesen Versuch zu vereiteln, indem es sich auf meinen Rücken schwingt und »Hühaaa!« schreit. Meine Bewunderung für Väter wie Fritz Wepper, Peter Maffay, Ulrich Wickert oder Jean Pütz, die mit rund 70 noch mal nachgelegt haben, ist in solchen Momenten grenzenlos.

Wie konnte es nur so weit kommen?

Ich weiß es noch genau: Die beiden großen Kinder hatten beschlossen, nicht mehr mit uns in den Urlaub zu fahren. Die Frau und ich blätterten erfreut durch Fernreisekataloge, genehmigten uns als Vorschuss auf künftige Urlaubsfreuden mehrere karibische Longdrinks und irgendwann eskalierten die Dinge.

Einige Wochen später machte ein Schwangerschaftstest unseren Fernreiseplänen zwei hellblaue Striche durch die Rechnung. Und brachte mir später fast ein Hausverbot auf der Entbindungsstation der Berliner Charité ein. Wussten Sie, dass man zu Hebammen auch dann nicht »dusselige Kuh« sagen darf, wenn sie einen für den Großvater halten?

Unsere kleine dreiköpfige Reisegruppe urlaubt nun wieder viel auf holsteinischen Bauernhöfen mit Streichelzoo. Auch im Winter und bei Nieselregen. Die Tochter würgt halt gern allerlei Tiere, und wenn einem kalt wird, flatscht einem todsicher eine Kuh auf den Fuß, das wärmt auch.

Aber es sind ja nur noch wenige Jahre, bis auch diese Tochter flügge ist. Fliege ich eben erst mit Ende 60 in die Karibik. Falls nicht wieder was dazwischenkommt. Falls doch, frage ich einfach Uli Wickert, wo er die letzten Jahre Urlaub gemacht hat.

Berlin ist, wo man mit Licht am Bike als Loser gilt

»Who Wants To Live Forever?«

Wussten Sie eigentlich, für wen Queen diesen fulminanten Welthit gesungen haben?

Gerade letzte Woche hatte ich die Freude, mal wieder mit dem Auto durch Berlin zu rollen. Bei Regen. Im Dunkeln. Durch Kreuzberg, die Hauptstadt der unbeleuchteten Fahrrad-Hipster.

Wie jetzt? Sie wohnen irgendwo im ganz normalen Deutschland? Wo die eben flügge gewordenen Söhne keine Bärte bis zum Bauchnabel tragen, die Hosen manchmal den Knöchel bedecken und man anhält, wenn die Ampel Rot zeigt? Wo man mit Licht am Fahrrad und ohne wummernde Kopfhörer nicht automatisch als Loser gilt?

Ich merke schon: Als erfolgreich sozialisierter Autofahrer haben Sie Probleme, sich in die Kreuzberger Oranienstraße hineinzudenken.

Stellen Sie sich also vor, Sie hießen Luke Skywalker und kommandierten in *Star Wars* den Angriff auf den Todesstern. Überall flitzen Sternenjäger des Imperiums herum, während von rechts, oben und der Seite Hunderte Laserstrahlen in Fahrradreifenbreite an Ihnen vorbeizischen. Die Laserstrahlen sind in diesem Fall bikende Hipster. Der einzige Unterschied: Luke Skywalker bekommt selbst im dichtesten Getümmel nie den Mittelfinger gezeigt.

Aber sobald das Fahrrad angekettet ist, mutiert der Hipster zum netten Menschen. Ich hatte mehrere freundliche junge Kollegen, die mit dem Rad zum Verlag fuhren und in der Kaffeeküche von ihren Abenteuern berichteten.

»Heute hat mich so ein Penner fast über den Haufen gekarrt!«

»Hattest du Licht an?«

»Mein Bike hat kein Licht.«

»Und schwarze Klamotten?«

»Natürlich.«

»Hast du dem Arsch gegen die Tür getreten?«

»Nein, ich war leider in Eile.«

Hier also mein Tipp für Sie, sollten Sie sich wirklich mal als Autofahrer in die Hauptstadt verirren: Der sicherste Platz ist der Radweg. Den benutzt der bikende Hipster nämlich nicht.

Ach ja, wir wollten noch klären, für wen Freddie Mercury »Who Wants To Live Forever?« gesungen hat: Für den Soundtrack von *Highlander – Es kann nur einen geben*.

Und Sie wissen jetzt auch, wer das hier in Kreuzberg ist!

Warum manche Schwäne schwarze Schwänze haben

»Mein Sohn, eines Tages wird all das dir gehören.«

»Alter, deine Pfandflaschen kannst du schön selbst wegbringen!«

Besonders in der Vorweihnachtszeit hänge ich als Ü50-Mann oft schwermütigen Gedanken nach: Warum gibt's über die Feiertage keine Bundesliga? Wo im Keller versteckt sich der Ständer für den Weihnachtsbaum? Und was bleibt eigentlich von mir, wenn ich nach dem Fest nicht mehr aus dem Fresskoma erwache?

Gut. Ein paar Sachen bleiben, auf die ich gern verzichten könnte. Zum Beispiel ein lückenloses Verzeichnis aller Dinge, die ich jemals bei Google gesucht habe.

Vor einigen Tagen wollte das Töchterchen bei einem Zoospaziergang wissen, ob schwarze Schwäne kleiner als weiße sind. Ich griff zum Smartphone, tippte »groß+schwarz+Schwan«, und ich schwöre, es lag nur an meinen breiten Fingern, dass sich ein kleines z zu viel in die Anfrage schmuggelte.

Die Frau sagte: »Huch!« Ich sagte: »Verdammt!« Die Tochter fragte: »Warum hat der Mann keine Hose an?«

Seither mache ich mir Sorgen darüber, was Generationen meiner Nachfahren wohl denken werden, warum ich an diesem Tag nach 6,7 Millionen Seiten voller »Big Black Cocks« gesucht habe.

Aber zurück zur Frage nach dem Sinn des Lebens!

Mein Vater, ein durchaus erfolgreicher Geschäftsmann, pflegte dereinst zu sagen, das Leben sei ein Staffellauf und die wichtigste Aufgabe eines Mannes, den nächsten Läufer in eine aussichtsreiche Startposition zu bringen.

Mit dem nächsten Läufer meinte er fatalerweise mich, und vielleicht hätte er besser auf einen anderen Starter gesetzt. Anstatt loszurennen, las ich Hemingway und träumte von einem Leben als Schriftsteller.

Eine Generation weiter zeigte wiederum mein Sohn nur mäßigen Eifer, als ich ihn während der Pubertät ermahnte, die PlayStation auch mal wegzulegen, er hätte zu Weihnachten schließlich auch Bücher bekommen.

Der damals 14-Jährige antwortete, ohne aufzusehen: »Chill mal dein Leben, du Pussy!« Dafür hätte mir mein Papa eine geknallt, ich aber beschloss: Eines Tages würde ich mich rächen und einen Text über Väter und Söhne schreiben.

Heute hat besagter Sohn zu unser beider Überraschung übrigens Abi, Ausbildung und vielleicht sogar bald einen Hochschulabschluss. Er träumt von Karriere, Hund und Reihenhaus. Das hat sich irgendwie komisch hingemendelt, aber Opa wäre stolz auf ihn.

Die größte Sorge meines Sohnes bin nun allerdings ich und die Frage, ob ich ihm wirklich nicht mehr als einen Haufen Pfandflaschen hinterlassen werde.

»Die Rolling-Stones-Karten haben 500 Euro gekostet?«, fragte er neulich streng. »Kannst du bitte aufhören, mein Erbe zu verprassen?«

Ich antwortete: »Staffelstab, mein Sohn, es hört sich viel schöner an, wenn du Staffelstab dazu sagst.«

Seniorenrabatt? Aber doch bitte nicht für mich!

»Guck mal, Papa, die haben hier Seniorenteller.«

Missbilligend mustere ich meinen feixenden Sohn, der stets zu einer kleinen Schelmerei auf Kosten seines Erzeugers bereit ist. Dann vertiefe ich mich wieder in die Speisekarte und sinne still auf Rache.

Geht Ihnen das auch so auf den Sack?

Kaum ist man Ende 50 und quasi in der Mitte seiner allerbesten Jahre angekommen, schwebt auch schon der Begriff »Senior« drohend über dem Leben. An jeder Ecke warten kleine als Nettigkeit getarnte Boshaftigkeiten darauf, einem das fortgeschrittene Alter unter die Nase zu reiben.

Neulich, die Frau und ich scrollten durch potenzielle Urlaubsziele, zeigte sie erfreut auf das Angebot einer Hotelkette. »Seniorenrabatte ab 55«, stand dort, und ich konnte sie nur mit Mühe davon abhalten, auf den »Mehr Infos«-Button zu klicken.

»Was für ein Quatsch«, grollte ich, »das soll 65 heißen. Da hat sich jemand bei der Anzeige vertippt.«

Doch die Frau googelte bereits kichernd nach weiteren Ermäßigungen für mich. Sie fand:

- den 55-plus-Rabatt einer Haftpflichtversicherung,
- sonntags um 25 Euro ermäßigten Eintritt in den Moviepark Bottrop,

- einen nicht näher definierten Nachlass für ein Mittelalter-fest in Telgte, was und wo auch immer dieses sein mag.

»Merkste selbst«, sagte ich, »das ist alles Käse. Richtige Rabatte gibt's erst als Rentner.«

Aber die Frau war nicht mehr zu stoppen. »Mit 60 kriegst du eine verbilligte Bahncard, das ist in – warte mal – 23 Monaten.«

Resigniert schloss ich die Augen und dachte an den Seniorenteller beim Italiener. Kalbsfilet in Rotweinsoße. Gar nicht mal übel.

Doch der eigentliche Genuss des Abends war das Gesicht meines Sohnes gewesen. Als er kurz auf der Toilette war, hatte ich seine Pizza storniert und für ihn Kinderteller mit Fischstäbchen, Pommes und Ketchup geordert.

So kleine kindische Neckereien geben schließlich auch irgendwie Rabatt. Und zwar aufs Altern, finden Sie nicht auch?

YouTuben wir uns ins Glück zurück

Gibt bekanntlich zwei Arten, sich als Ü50-Mann cool wie früher zu fühlen: junge Frauen daten – oder alte Musik hören. Doch mit der Sugar-Daddy-Nummer macht man sich oft furchtbar lächerlich.

Ich rate deshalb zur Musik! Ist auch billiger als eine Scheidung.

Die Frau kennt das: Ein-, zweimal in der Woche gehe ich mit Kopfhörern auf Zeitreise zu Eric Clapton, Joe Cocker, Pink Floyd, U2, Kansas oder einer meiner anderen ungezählten Lieblingsbands. Während ich auf YouTube von Video zu Video irrlichtere, spielen in meinem Körper Erinnerungen mit Glückshormonen Ticken. Und wenn ich morgens um vier den Laptop zuklappe, fühle ich mich nicht mehr alt, sondern weise und getröstet.

Beginn meiner Reise ist oft »Stairway To Heaven« von Led Zeppelin (die remasterte Liveversion aus dem New Yorker Madison Square Garden). Ich weiß nicht, wie oft mir Jimmy Page (heute 76) seine Doppelhalsgitarre mitten ins Herz gerammt hat, die Gefühle bleiben unvermindert episch. Wenn die letzten Akkorde verklungen sind, surfe ich rüber ins Kennedy Center des Jahres 2012 und gucke Led-Zep-Sänger Robert Plant (72) ins müde Gesicht.

Das laszive Lockenköpfchen mit der engsten Jeans der Musikgeschichte (und dem stolz hineingequetschten Riesengemächt) ist ein alter Mann geworden. Plant sitzt bei »Tribute to Led Zeppelin« in der Präsidentenloge von Barack Obama und wischt verstohlen ein Tränchen aus dem Augenwinkel. Ich möchte ihn dann in den Arm nehmen und sagen: »Scheiß auf das Alter, Mann! Du und ich, wir waren in meiner Welt die Geilsten und wir werden es für immer bleiben.«

Oder sagt Ihnen Procol Harum noch was? »A Whiter Shade Of Pale«, dieses mystisch georgelte Erbstück von Bachs Suite Nr. 3 in D-Dur? Auf jeder Schülerfete das Engtanzwunder mit Fummelgarantie?

Schauen Sie mal bei Sänger Gary Brooker (75) vorbei, 2006 in Kopenhagen mit dem dänischen Staatsorchester. Für mich ist Gary der lebende Beweis: Ein Mann kann in Würde altern! Und er kann mit jedem verdammten Jahr besser werden. Gary ist immer noch on tour. 2018 war er gerade in Deutschland.

Wir könnten natürlich auch noch ein Wort über The Animals und »House Of The Rising Sun« verlieren. Ich glucke se vor Freude, wenn ich die Jungs vor 54 Jahren in ihren Konfirmationsanzügen sehe. Bei den zappeligen Dance Moves von Eric Burdon (heute 79) gerate ich vor Entzücken ins Taumeln. Und dann kriege ich feuchte Augen, wenn ich Eric in jüngeren Videos wiedersehe. Die Stimme ist dünn geworden, aber seine Zappel-Hüpfer erkenne ich wieder.

Wie man solche Schätze findet? Bei YouTube in der Suche einige Lieblingsbands eingeben. Die Reise in die Vergangenheit erledigt dann ein Algorithmus.

Sachen, die Ü50 echt super sind!

1. Die Oldieprogramme im Radio werden besser.
2. Wer einen Hund will, holt sich einen.
3. Waschmaschinen schleppen jetzt die Jungen.
4. Ich kann viel länger ohne Sex.
5. Unangenehme Dinge vergesse ich einfach.
6. Wir sind gar nicht starrsinnig, wir wissen es wirklich besser.
7. Einen Bauch haben macht endlich Sinn.
8. Man hört nicht mehr alles, was die Frau gerade sagt.
9. Wir können jetzt auch platonisch lieben.
10. »Stairway To Heaven« läuft auf YouTube.

Dürfen Männer Deko kaufen?

Frauen und ihr Hang zur Deko. Generationen von Comedians haben Witze darüber gerissen. Früher fand ich das lustig.

Nachdenklich stehe ich bei Aldi vor dem saisonalen Klöterkram. Zwei weihnachtliche Lichterketten sind bereits im Einkaufswagen, dazu ein possierliches Rentier mit Leuchtdioden für den Vorgarten. Gerade grübele ich, wohin im Wohnzimmer die hölzerne Weihnachtspyramide passen könnte, als ich aus dem Augenwinkel meinen Nachbarn erspähe. Ruck, zuck bedecke ich den Kram mit Hundefuttertüten und lege noch eine Stichsäge obendrauf.

Ü50 ist für uns Kerle wirklich ein schwieriges Alter!

Der Testosteronspiegel sinkt, die Libido lässt nach, und auch in der Seele passieren die seltsamsten Dinge.

Mit Schrecken erinnere ich mich an die letzte Ballettaufführung der Tochter, als mir ob ihrer Anmut einige Tränen der Rührung in die Augen stiegen. Völlig verdutzt wischte ich die Nase am Jackenärmel ab und fragte mich, welchen Schabernack die Natur noch mit mir plant.

Die Antwort kam wenige Wochen später am Grabbeltisch.

Sinnend betrachtete ich einige Kerzen mit Vanilleduft, die in recht formschönen Gläsern steckten. Ich dachte: »Könnten gut zum Whiskey in der Vitrine passen!«, und kaufte kurz entschlossen ein halbes Dutzend. Zu Hause sah ich mich mit dem Problem konfrontiert, das Wachs aus den Gläsern zu kriegen, und registrierte verdutzt, was für ein schönes Licht so ein Haufen Kerzen macht, wenn man sie gleichzeitig anzündet und ins Fenster stellt.

Es war mein schleichender Einstieg in die Dekosucht.

Kurz vor der Kasse schließt der Nachbar auf. Er hat zwei Weihnachtssterne unterm Gemüse versteckt, und wenn mich nicht alles täuscht, sehe ich ganz unten noch eine hölzerne Krippe.

Ich sage: »Ach!«, und er guckt betreten zur Seite.

»Hat Doris mir aufgetragen«, lügt er leise, »du weißt ja, wie Frauen sind.«

Ich zwinkere ihm zu, dann lege ich meine Weihnachtspyramide aufs Laufband.

Ich hätte nie gedacht, wie befreiend so ein Outing als Dekojunkie sein kann!

Unser Weihnachtsbaum ist natürlich aus Boden-haltung

»Diese Tannenbäume da, sind die auch bio?«

»WAS?«

»Na ja, ist das regionaler Anbau? Stammen sie aus ungedüngten Mischkulturen und tragen sie ein Siegel für nachhaltige Forstwirtschaft?«

Der Baumverkäufer rollt mit den Augen, dann grummelt er: »Ich frag mal den Bauern!«

Ich sehe ihn über den Hof zum Glühweinstand stapfen und mit dem Mann hinterm Ausschank reden. Sein rechter Zeigefinger vollführt dabei kreisende Bewegungen an der Schläfe.

Na super, da hat mich die Frau wieder schön zum Deppen gemacht!

In der Müttergruppe auf Facebook gibt's aktuell kein hipperes Thema als den ökologischen Weihnachtsbaum.

Was hat so eine importierte Nordmanntanne eigentlich für eine CO_2-Bilanz?

Sollte man nicht eine Blaufichte mit Ballen leihen, die danach abgeholt und von achtsamen Händen wieder eingepflanzt wird?

Oder wird es endlich Zeit für ein handgeschmiedetes Eisenbäumchen vom Kunsthandwerkermarkt, damit nicht jedes Jahr eine unschuldige Tanne sterben muss?

Und nun stehe ich hier tief im ländlichen Schleswig-Holstein und soll einen nachhaltigen Weihnachtsbaum besorgen!

Der Bauer kommt auf mich zu und fragt mitleidig: »Na, mien Jung? Erst mal'n Punsch mit Schuss?«

Ich nicke zaghaft.

Drei Glühwein lang grübeln wir über eine Lösung meines häuslich-ökologischen Weihnachtsbaumproblems, dann gräbt der Bauer ein dürres Tännchen neben dem Kuhstall aus und stopft es samt Ballen in einen Papiersack, in dem sonst Hühnerfutter geliefert wird.

Erleichtert drücke ich ihm zwei Fünfziger in die Hand.

Zu Hause wird das traurige und bei genauerem Hinschnüffeln auch nach Kuhmist stinkende Stück Baum gebührend bewundert.

»War nicht billig«, sage ich. »Hat auch nicht dieses satte Kunstdünger-Grün, stammt aber von frei laufenden Tannen.«

Die Frau gibt mir einen zufriedenen Kuss auf die Wange. Dann greift sie zum Smartphone und ruft ihre Freundin an. »Was?«, höre ich sie beim Rausgehen fragen: »Euer Weihnachtsbaum, ist der etwa nicht aus Bodenhaltung?«

Wenn der Paketmann neunmal klingelt

»Dezember 1943, die ganze Kompanie im Franzosenpuff und dann die Kondome alle!«

»OPA!«

»Was denn?«

»Die andere Weihnachtsgeschichte!«

Hand aufs Herz, liebe Ü50-Leser: Freuen Sie sich auch jedes Jahr so aufs Fest?

Das letzte Mal, als ich Weihnachten richtig cool fand, trug ich kurze Hosen, der Baum Lametta und Papa eine Krawatte. Ich verhedderte mich beim Gedichteaufsagen und bekam einen Klaps auf die Finger, wenn ich das Geschenkpapier zerriss, denn Mama pflegte es zu bügeln und fürs nächste Jahr in den Schrank zu legen. Wenn ich insgesamt eher artig gewesen war, gab's zwei oder drei Geschenke und von Onkel Alfred 20 Pfennig für Süßigkeiten.

Und heute?

Ab Anfang November bestellen die Frau, die Oma und sämtliche Tanten meiner Tochter die Lagerhallen von Amazon leer. Von Mitte Dezember an schafft es der Paketbotenstau vor der Haustür bis in den Verkehrsfunk. Und wenn der Postmann abends zum neunten Mal klingelt, dann ist das kein Erotikthriller mit Jack Nicholson, sondern ganz normaler Endspurt im Shoppingmarathon.

Und Heiligabend?

Das vor Aufregung hyperventilierende Kind kriegt einen Burn-out vom Auspacken, und die zerfetzten Papierberge füllen die Altpapiertonne bis nach Silvester.

Natürlich versuche ich über unseren familiären Geschenke-GAU zu reden. Doch meine letzte Offensive für mehr christlichen Spirit und weniger Kommerz scheiterte kläglich.

- Oma sagte: »Jetzt willst du Miesepeter uns auch noch Weihnachten versauen?«
- Die Tanten löschten mich aus der WhatsApp-Gruppe, in der die Geschenkideen koordiniert werden.
- Nur meine Lebensgefährtin reagierte verständnisvoll: »Dann schenken wir beide uns eben nichts.«

Und ich Idiot bin darauf hereingefallen!

Schließlich saß ich dann peinlich berührt unterm Weihnachtsbaum. Die Frau hatte mir Bücher geschenkt, eine Strickjacke und meinen vierten Akkuschrauber.

Ich ihr nichts.

Um die Lage zu retten, ermunterte ich Opa, die Weihnachtsgeschichte zu erzählen, doch er hatte schon den Rotwein dekantiert und informierte uns über alle Einzelheiten zur alliierten Landung 1944 in der Normandie.

Aber ich habe aus meinen Fehlern gelernt! Diesmal bekommt meine Lebensgefährtin das allergrößte Paket von allen. Ich rechne täglich mit der Lieferung ihrer neuen, 240 Liter fassenden Altpapiertonne.

Liefern die Heiligen Drei Könige eigentlich auch Ladekabel?

Heiligabend. Die Katzen jagen um den Weihnachtsbaum. Opa fummelt Knoten aus der Lichterkette. Das Kind lässt den Karton mit gläsernen Christbaumkugeln fallen. Oma holt den Staubsauger. Die Frau blickt flehend zum Himmel. Ich schaue sorgenvoll vom Handy auf. Nur noch 28 Prozent Akku, und der Hund hat heute Morgen schon wieder mein Ladekabel zerbissen. Seufzend googele ich »Expresslieferung« und »Christbaumschmuck«.

Die Katzen setzen ihr Spiel in den oberen Ästen fort. Oma sucht nach Geschenken, die sie irgendwo kindersicher versteckt hat und nun nicht wiederfindet. Der Hund hat sich die Packung mit Fonduefett von der Arbeitsplatte geangelt und liegt schmatzend unterm Küchentisch. Die Frau stößt kreischende Laute aus. Ich googele nach Lieferdiensten für Bratenfett. Nur noch 14 Prozent Akku.

Friede. Freude. Fonduefettflecken im Eichenholzparkett. Wer genießt sie nicht, diese wunderbare Zeit? Dabei ist es so einfach, ein harmonisches Fest zu verleben, wenn man einige elementare Grundregeln beherzigt: Ohne Familie in den Urlaub zu fliegen ist nur eine davon.

Die Katzen haben die Tannenbaumspitze erklommen. Der Weihnachtsbaum kippt majestätisch klöternd auf die festlich gedeckte Tafel. Ich angele eine Mieze aus dem leeren Fonduetopf.

Opa stiert auf die Bescherung und ext die Karaffe mit Rotwein. Das Kind weint. Oma räumt auf. Die Frau legt sich lieber noch mal hin. Die ersten Onkel und Tanten treffen ein und fragen nach dem WLAN-Passwort. Ich habe es im Handy gespeichert, aber nur noch 3 Prozent Akku.

Grundsätzlich ist ja gerade eine verlässliche Internetverbindung von elementarer Bedeutung für das Gelingen des Festes. Solange die Verwandtschaft auf Instagram Tannenbäume postet, zankt sie nicht. Zum Glück kriegen nur Hausherren, die nicht artig gewesen sind, vom Weihnachtsmann was mit dem kaputten Router. Ich starte meinen zur Sicherheit neu.

Es klingelt an der Tür. Draußen stehen die drei heiligen Boten vom Expressdienst und bringen ihre Geschenke dar: Christbaumkugeln, Frittierfett und ein Ladekabel.

Halleluja! Weihnachten ist gerettet.

Gute Vorsätze,
schlechte Zeiten

Kaum aufs Sofa gelegt, um das Silvester-Fondue zu verdauen, ist das neue Jahr auch schon wieder halb rum, und uns bleiben eigentlich nur drei Themen zu besprechen: Warum haben wir bloß so viel gegessen?

Werden wir jemals wieder vom Sofa aufstehen können?

Und an welchen guten Vorsätzen wollen wir im neuen Jahr scheitern?

Während ich ermattet in den Kissen ruhe, kommt mir eine Forsa-Umfrage in den Sinn, auf die ich vor einiger Zeit gestoßen bin. Demnach lauteten die guten Vorsätze der befragten Menschen:

- weniger Stress (62 Prozent),
- mehr Zeit für Familie & Freunde (60 Prozent),
- mehr Sport (57 Prozent),
- mehr Zeit für uns selbst (51 Prozent),
- gesünder essen (49 Prozent),
- abnehmen (34 Prozent),
- sparsamer sein (32 Prozent),
- weniger am Handy, Computer oder im Internet daddeln (25 Prozent),
- weniger fernsehen (19 Prozent),
- weniger Alkohol trinken (16 Prozent).

So weit, so ehrenvoll! Aber als ich ein wenig in die Tiefe googelte, stellte ich fest: Exakt die gleichen Vorhaben und dann auch noch in der identischen Reihenfolge hatten sich die Befragten im Jahr davor auf die Fahnen geschrieben. Was bei einigem Nachdenken nur einen Schluss zulässt: Kein Mensch hat auch nur einen einzigen Punkt seiner To-do-Liste erfolgreich abgehakt.

Und ja, ich gestehe, auch ich bin gescheitert. Etwas für die Figur wollte ich tun und endlich mal wieder zum Sport gehen.

Aber wussten Sie, dass man überhaupt nicht ABNIMMT, wenn man beim ruhmreichen Hamburger SV auf der Tribüne Bratwurst isst, Bier trinkt und den über das Spielfeld wuselnden Rothosen »Lauf, du faule Sau!« zubrüllt?

Diese Erfahrung war sehr enttäuschend, und daher entschloss ich mich, keine Vorsätze mehr zu fassen. Was in Wahrheit aber auch bloß ein Vorsatz war. Und somit automatisch zum Scheitern verurteilt. Jetzt überlege ich also schon wieder, mit welchen aussichtslosen Vorhaben ich im neuen Jahr baden gehen könnte.

Zum Glück kam mir vor einigen Tagen mein Schwager zu Hilfe.

Er war auf Tempelreise durch Bhutan (gleich hinter Tibet) und hatte faszinierende Bilder mitgebracht. Überall goldfarben lackierte Buddhastatuen. Sie zeigen einen dicklichen Mann, der unter einer Pappelfeige sitzt und Erleuchtung findet. Das Sympathische an dieser Geschichte: Buddha werden kann jeder und damit Weisheit, unendliches Mitgefühl und das Nirwana erlangen.

Ich habe spontan gedacht: »Rumsitzen? Komplett gechillt sein? Sich nie wieder über doofe Leute, Fake News oder Internet-Hater ärgern? Und dabei auch noch aussehen, als ob ich jeden Moment einschlafe? Mal ganz im Ernst, das ist doch perfekt für mich.«

Also habe ich beschlossen: Im neuen Jahr werde ich den Buddha in mir wecken. Und wenn mir einer blöd kommt, bloß weil ich mich an der Edeka-Kasse vorgedrängelt habe, dann lächele ich und gewähre ihm Vergebung.

Zumindest figürlich bin ich seit Weihnachten schon auf einem guten Weg.

Sachen, die Ü50 echt super sind!

1. Die Oldieprogramme im Radio werden besser.
2. Wer einen Hund will, holt sich einen.
3. Waschmaschinen schleppen jetzt die Jungen.
4. Ich kann viel länger ohne Sex.
5. Unangenehme Dinge vergesse ich einfach.
6. Wir sind gar nicht starrsinnig, wir wissen es wirklich besser.
7. Einen Bauch haben macht endlich Sinn.
8. Man hört nicht mehr alles, was die Frau gerade sagt.
9. Wir können jetzt auch platonisch lieben.
10. »Stairway To Heaven« läuft auf YouTube.
11. Der dicke alte Kerl in uns, das ist in Wahrheit Buddha.

Wie mich Franz Beckenbauer zum »Dschungelcamp« bekehrte

Sie hat Tee, sie hat Chips, sie hat die Fernbedienung. Die Frau ist gerüstet und entsichert das Handy. Gleich beginnt das »Dschungelcamp«, und ihre WhatsApp-Gruppe lästert sich schon mal locker.

Ich verdrehe die Augen und sage: »Natürlich ist es okay, wenn ihr Mädels über TV-Trash giggelt. Aber dann fragt halt nicht, warum wir Männer nie euren Geist und immer nur eure Körper wollen.«

Ich ernte einen strengen Seitenblick. Für diesen frevelhaften Satz kriege ich nachher noch eine rein.

Man wundert sich jedes Jahr wieder. Die Frau ist ein Wesen von Klugheit, sicherem Geschmack und emotionaler Intelligenz. Außer im Winter, da guckt sie Menschen, die an Känguruhoden kauen.

Ich linse über den Rand meines Buches und bleibe an der malerischen Szenerie hängen. Menschen, die ich nicht kenne, werden in Wannen festgeschnallt, die vorne offen sind, rollen auf eine beeindruckend hohe Klippe zu und müssen dabei kinderleichte Quizfragen beantworten.

»Ach«, sage ich, »wäre das nicht auch mal was für Jauch? Doofe Kandidaten einfach in den Abgrund stürzen?«

Die Frau stellt genervt den Fernseher lauter.

Immer mehr Dschungelinsassen rollen kreischend die

Rampe runter und wissen nicht die einfachsten Sachen wie zum Beispiel: Nenne drei Fußballer mit mehr als 100 Länderspielen. Mein Interesse ist geweckt. Ich liebe Quizsendungen mit Sportfragen und rufe: »Matthäus, Klose, Schweinsteiger, Lahm, das muss man doch wissen, du Pfeife, und Beckenbauer natürlich auch!«

Die Frau dreht sich neugierig zu mir um.

Später muss Boxweltmeister Sven Ottke über eine Schlucht balancieren, und ich entdecke die immer noch wahnsinnig strahlenden Augen von Venusfalle Sonja Kirchberger. Ich lege mein Buch kurz zur Seite.

Am nächsten Morgen stelle ich der Frau ihren Kaffee hin und verkünde: »Du, der Dings, der Verkehrsminister, dieser Krause, der ist jetzt raus aus dem ›Dschungelcamp‹.«

Sie blickt mich misstrauisch an. »Willst du mich verarschen?«

Abends sitze ich dieser Tage öfter mal lesend im Wohnzimmer und warte darauf, dass die Frau den Fernseher einschaltet. Doch gestern hat sie sich an mich gekuschelt und geflüstert: »Ich will ja auch bloß deinen Körper.«

Als sie anfing, mein Bein zu kraulen, habe ich ihre Hand weggeschoben und mir die Fernbedienung geangelt.

Ist ja gleich Dschungel, wer will da schon Sex?

Niesen wie ein Taliban

Von den Fridays-for-Future-Kids werden wir als (Baby-)»Boomer« verspottet. Netzfeministinnen schmähen unsere toxische Männlichkeit. Und jetzt haben wir alten weißen Männer auch noch das Prädikat »Risikogruppe« am Hals! Langsam geht mir das Generationen-Bashing wirklich zu weit.

Als wir in den Skiurlaub gestartet sind, war das Virus nicht mehr als eine 30-Zeilen-Nachricht irgendwo aus China. Zwei Wochen später hängen wir in den Schweizer Alpen mit mulmigen Gefühlen vor dem Fernseher.

Der letzte Tag. Neuschnee, Lawinen, Eiszapfen an der Nase. Ich denke: »Nimm das, Corona-Virus!« Dann mache ich einen Einkehrschwung zur Hütte und gurgele einen Pflümli. Es ist schon mein vierter Obstbrand heute, aber mit so was haben sie auf der Alm früher Wunden desinfiziert, und man kann nicht vorsichtig genug sein.

Heimfahrt nach Norddeutschland, Zwischenstopp in einer hessischen Kleinstadt. Natürlich habe ich sie vorher gegoogelt. Bisher kein bestätigter Corona-Fall. Hier wollen wir ein Mittagessen riskieren. Ich zerre das nach Pizza quengelnde Kind am Italiener vorbei – wer weiß, was der für Kontakte nach Mailand hat.

Wir landen beim Mexikaner. Ich bestelle ein Corona-Bier und fotografiere es für Instagram. Nicht die Hoffnung stirbt zuletzt, sondern mein Wunsch, auch mal ein viral gehendes Foto zu posten. Die scharfe Salsasoße lässt meine Nase kribbeln, und ich niese prustend in die Armbeuge. Menschen am

Nebentisch springen auf und starren mich an, als wäre ich ein Taliban. Ich sage besänftigend: »Sorry, Leute, aber Sprengstoffgürtel waren aus.«

Nach 300 Kilometern Umweg über das noch weitgehend coronafreie Sachsen-Anhalt will die Frau bei Edeka halten. Ich frage: »Bist du irre? Wir fahren heim und essen, was in der Tiefkühltruhe ist.«

Zu Hause angekommen setze ich mich nachdenklich an den Laptop. Darf man überhaupt mit einem Augenzwinkern über Corona schreiben? Dann nicke ich mir zu und murmele: »Man muss! Und zwar sofort. Wer weiß, wie viel Zeit einem als Ü50-Mann noch bleibt.«

Wie es im Hause Andersson zu Hamsterkäufen kam

Dienstagmorgen, 8 Uhr, Corona-Zeit. Ich verfrachte die Tochter in ihren Kindersitz und sage: »Komm, wir machen Hamsterkäufe.« Das Kind wirkt erfreut. Nach einem Tag Schulschließung hat sich in seinem Leben bereits Langeweile breitgemacht.

Wenig später durchstreifen wir den Discounter. Kein Mehl, keine Eier, kein Apfelmus. Dabei hat die Frau den Auftrag erteilt, Zutaten für mindestens eine Woche Pfannkuchen zu erwerben. Und Toilettenpapier, aber nur eine Packung, wir sind schließlich zivilisierte Menschen.

Während an der neu geöffneten Kasse 3 einige Kunden mit Warentrennern um die Poleposition fechten, stehe ich betrübt vor der letzten, im Gemetzel aufgerissenen Packung Dinkelmehl, die ganz hinten auf der leeren Europalette liegt.

Das Kind fragt: »Wo gibt es denn hier die Hamster?«

Die Situation überfordert mich. Die letzten 50 Jahre meines Lebens bestanden aus vollen Regalen und doppelt gefaltetem Toilettenpapier. Jetzt schubst mich eine Frau mit ihrem Einkaufswagen zur Seite und lädt einen Karton Tomatenketchup hinein. Als sie weitergezogen ist, nehme auch ich eine Flasche zur Hand. Vielleicht lässt sie sich eines Tages ja gegen Benzingutscheine tauschen?

Als die Tochter und ich das in Papiertaschentücher umgefüllte Dinkelmehl zum Ketchup in den Einkaufswagen legen, öffnet sich die Tür zum Warenlager, und ein Aldi-Mitarbeiter schiebt einen Stapel Toilettenpapier heraus.

Bisher dachte ich, ich wäre ein Mann des Wortes, nicht des Kampfes, doch jetzt spüre ich Adrenalin durch meine Adern rauschen. Noch vor der heraneilenden Menge reiße ich drei Pakete des kostbaren Dreilagigen an mich und verteidige sie bis zur Kasse mit knurrenden Lauten und angedeuteten Karateschlägen.

Im Auto verstaue ich die Beute und bedecke sie mit Kameratasche, Laptop und iPad. Ich will ja nicht, dass uns wegen des Toilettenpapiers noch der Kofferraum aufgebrochen wird.

Dann fahre ich mit der Tochter zum Tiermarkt. Wer kleinen Mädchen Hamsterkäufe verspricht, muss schließlich auch Hamster kaufen.

Wo ein hustendes Handy von Nutzen ist

Abstand. Sieben Buchstaben. Dem Begriff Anstand zum Verwechseln ähnlich. Aktuell zeigt sich: Viele Menschen haben Probleme mit beidem.

1,5 Meter Mindestabstand hat die Kanzlerin verlangt. Und das von einem Volk, welches 150 Zentimeter für die ideale Distanz zwischen Bremslicht und Lichthupe hält. Auf der linken Autobahnspur. Allerdings nur bis Tempo 180, danach geht auch weniger.

Einkaufen bei Edeka – deutsches Vordrängel-Gen trifft Corona-Angst.

»Stehen Sie überhaupt an der Kasse an?«, fragt mich eine Frau, während sie mit ihrem Wagen energisch in meine Hacken fährt. Ich winke lässig mit der Hand und sage: »Ach, gehen Sie nur vor, der da vorn hat eh so komisch gehustet.«

Ist ja gar nicht so einfach, dieses Abstandhalten. Wie viel sind überhaupt 1,50 Meter?

Drei viertel Zollstock – okay.

Zwei Armlängen eines erwachsenen Mannes. Echt so viel?

Oder zehn erigierte Durchschnittspenisse, und damit fängt das Problem doch schon an: Wer sein halbes Leben hört, das männliche Geschlechtsorgan habe 20 Zentimeter Länge, der gerät auch bei anderen Gelegenheiten ungewollt in den Nahkampf.

Ich trage deshalb beim Einkauf stets einen Laser-Entfernungsmesser der Klasse 2 in der Jackentasche. Wer drängelt, dem strahle ich einen roten Punkt auf die Stirn, schaue aufs Display und murmele in meinen obersten Jackenknopf: »Abstand 96 Zentimeter, Zugriff gleich nach der Kasse!«

Noch einfacher lässt sich der Wunsch nach ein wenig Freiraum allerdings mit dem Smartphone realisieren. Einfach einen bellenden Husten als Klingelton laden und bei Bedarf in voller Lautstärke abspielen. Wirkt wie ein Böller im Spatzenschwarm.

Oder sollten wir es tatsächlich ALLE mal mit diesen beiden Worten aus sieben Buchstaben versuchen? Anstand und Abstand. Wenigstens solange die Corona-Krise dauert. Danach dürfen Sie mir auch gern wieder in die Hacken fahren.

Macht Corona außerdem noch fett?

»Schatz, ist noch was von der Lasagne da?«

»Im Kühlschrank!«

»Und wenn ich welche will, muss ich die selbst holen, stimmt's?«

Angestrengt verziehe ich das Gesicht, wälze mich vom Sofa und lausche meinem Schnaufen. Ist das schon Atemnot oder bin ich einfach ein bisschen außer Form? Zwischen Wohnzimmer und Küche liegen 15 Stufen. Besonders der Rückweg ist beschwerlich, da geht es bergauf. Haben wir beim Hausbau echt nicht aufgepasst.

Überall auf der Welt versuchen Forscher, die Geheimnisse des Corona-Virus zu ergründen. Auch ich bin möglicherweise einer großen Sache auf der Spur.

Als ich beim Zähneputzen nach Wochen mal wieder auf die Waage kletterte, war mein erster Gedanke: »Diese Zahnbürste kann unmöglich 4 Kilo wiegen!«

Nach drei Gegenproben, erst ohne Zahnbürste, später ohne Shirt und schließlich auch ohne Socken, entwickelte ich folgende Theorie: Wahrscheinlich macht das Virus fett – sogar wenn man es noch gar nicht hat!

Seit nunmehr dreieinhalb Wochen igelt sich meine Familie auf dem Sofa ein. Erst nach dem Skiurlaub 14 Tage freiwillig. Später auf Anraten der Kanzlerin.

Sogar der Hund hat zugenommen. Gestern musste ich

sein Geschirr zwei Löcher weiter stellen. Vor Corona sind wir kilometerweit durch Wälder und Felder gerannt. Inzwischen wagen wir uns kaum noch um den Block.

Wenn wir doch mal was erleben wollen, gucken die Frau und ich aus dem Fenster und lassen die Prozession der Paketlaster vorüberziehen. Ein nicht enden wollender Strom von Büchern, DVDs, Spielzeug und anderer Kurzweil erzeugender Waren ergießt sich in unsere Straße. Wir raten, vor welcher Hausnummer der nächste Bote hält. Der Gewinner bekommt ein Stück Apfelstrudel.

Ein DHL-Wagen hält direkt vor dem Haus.

Die Frau fragt: »Hast du was bestellt?«

Ich ziehe den Bauch ein und sage: »Eine Waage, ich denke, die alte war kaputt.«

»Bleiben Sie gesund!« – Wie drei Worte das Land eroberten

Ich wohne in Schleswig-Holstein. Dort, wo Windstärke 8 als frische Brise gilt und die Landbewohner als maulfaul. Hier zählt ein Kopfnicken als vollwertige Begrüßung, und Leute, die dazu auch noch »Moin« sagen, kommen schnell in Verruf, schlimme Quasselstrippen zu sein.

Doch gestern sagte die Fleischereifachverkäuferin an der Kasse zu mir: »Bleiben Sie gesund!«

Ich sah mich verstohlen um, niemand beobachtete uns, und so antwortete ich: »Sie bitte auch!»

Bleiben!
Sie!
Gesund!

Der fürsorgliche Imperativ hat nach dem E-Mail-Verkehr auch das flache Land erobert. Drei einfache Worte, die sich noch schneller verbreitet haben als das Corona-Virus selbst.

Was hat sich Deutschland vor der Krise gezofft.

Schnitzelesser blickten hochmütig auf Veganer herab. Veganer rümpften über lasche Vegetarier die Nase. Feministinnen zogen über alte weiße Männer her. Fahrrad- und Autofahrer zankten sich um jeden Zentimeter Straße. Fridays-for-Future-Kids verhöhnten ihre Eltern als senile »Boomer«.

Und wem das alles nicht reichte, der loggte sich bei Facebook oder Twitter ein, um dort jeden zu beschimpfen, der seinen Laptop nicht bei drei wieder zugeklappt hatte.

»Wer keine Sorgen hat«, so sagte einst mein Großvater über nutzlosen Zwist und Hader, »der macht sich welche.«

Und heute? Junge kaufen für Alte ein. Nähmaschinen-besitzer basteln Atemschutzmasken für Nachbarn. Und Menschen mit Garten überlassen ihr grünes Glück jungen Familien, damit die Eltern auch mal ohne Bußgeld in der Sonne sitzen und Kinder an der frischen Luft spielen können.

Die Corona-Krise legt unsere weiche Seite frei.

Okay, nicht bei allen. Da gibt es schließlich immer noch Leute, die sich im Supermarkt um Hamsterware prügeln, was naturgemäß ungünstig für die Gesundheit ist.

Aber auch denen möchte man schließlich Glück wünschen.

Als Küstenkind kommt mir eine alte maritime Grußformel in den Sinn. »Mast und Schotbruch!« lautet sie. »Und allzeit eine Handbreit Klopapier unter dem Arsch!«

Was machen wir jetzt mit dem ganzen Toilettenpapier?

Wer sagt es denn. Die Krise ist vorbei!

Okay, nicht DIESE Krise. Aber zumindest die Versorgung mit Haushaltsgütern ist im Hause Andersson wieder gesichert, nachdem das luxuriöse Dreilagige einige Tage so streng rationiert werden musste, dass wir es abends in Handarbeit auf einlagig umzupften.

Ich trinke gerade meinen Nachmittagstee und stoße auf eine Meldung vom Statistischen Bundesamt.

»Schatz«, rufe ich triumphierend, »die Verkaufszahlen für Toilettenpapier brechen weg. Ha, ha, die ganzen Deppen, die das Zeug gehamstert haben!«

Doch das Schweigen der Frau kommt mir verdächtig vor.

Ich blicke auf und sehe sie ins Leere starren. Dann flüstert sie: »Gestern konnte man das zum ersten Mal wieder online bestellen.«

Vor dem Haus rumpelt es. Der Fahrer eines Vierzigtonners lädt mit dem Gabelstapler mehrere Europaletten Hygieneartikel, Mehl, Haferflocken und Seife aus.

Ich frage die Frau: »Bist du irre? Wo soll das alles hin?«

Zum Glück sind wir kreative Menschen und in der Lage, uns auch kurzfristig neuen Herausforderungen zu stellen.

Das Kind wirkt am Ostersonntag zwar verwirrt, als es beim Eiersuchen mehrere Rollen hübsch eingepacktes Toilettenpapier findet. Ich aber klatsche begeistert in die Hände und rufe: »Hey, ein Mumienspiel, damit wickelst du nachher Oma ein.«

Außerdem fange ich mit Renovieren an. Das Dach lässt sich mit Toilettenpapierrollen hervorragend dämmen. Und aus Dinkelmehl, Wasser und Vollkornhaferflocken erstelle ich nach einigen Experimenten äußerst dekorativen Wandputz, der nun auch den Kauf von Raufasertapete überflüssig macht.

Tage später murmelt die Frau abends vor dem Einschlafen: »Vielleicht ist es jetzt ein bisschen eng bei uns, aber ich finde es doch schön, ein paar Vorräte zu haben.«

Ich grunze zustimmend. Dann wühle ich mein Kopfkissen zurecht. Es ist eben doch ungewohnt, auf einem Zehnerpack Toilettenpapier zu schlafen.

Darf man eigentlich Corona-Witze machen?

Trübsinnig sitze ich am Küchentisch und mische Karten. Mit einigen Scheiben Fleischwurst ist es mir zwar gelungen, den Hund zu einer Runde Skat zu überreden, doch die Katze weigert sich, sie spielt nur Mau-Mau.

Ich teile aus und sage: »Donnerwetter, schon wieder ein Grand mit Viren!«

Aber so brillant dieser Corona-Witz auch ist, der Hund starrt auf die letzte Scheibe Wurst und verzieht keine Miene.

Jetzt schon zwei Monate Social Distancing. Die Isolation hat tiefe Spuren in mein Gemüt gegraben. Ich sehne mich nach Gesellschaft, nach Stimmengewirr, fröhlichen Menschen, hin und her fliegenden Bonmots.

Als die Bäckereifachverkäuferin gestern fragte: »Darf es noch etwas Kuchen sein?«, erwiderte ich hoffnungsvoll: »Aber nein, wenn ich noch mehr esse, werde ich auch noch System-elefant.«

Gut, dass ich mich hinter meinem Mundschutz vor ihrem verständnislosen Blick verstecken konnte.

Auch die Frau hat ihre heitere Leichtigkeit eingebüßt. Beim Frühstück gab ich zum Besten: »Die ganzen leeren Busse heißen jetzt ja Coro-Nahverkehr«, aber sie zog nur genervt die rechte Augenbraue hoch.

Später versuchte ich es beim Kind, welches ich mit einer Süßigkeit auf meinen Schoß lockte. »Die Regierung hat den

Sommer abgesagt. Die befüllen jetzt nicht mal mehr die Ostsee mit frischem Wasser.«

Das Kind stöhnte, grapschte sich den Lolli und ergriff die Flucht.

Doch am Nachmittag klingelte mein Handy. Ein Versicherungsmakler wollte mir einen Zusatzvertrag zur Krankenversicherung aufschwatzen.

Endlich!

Ein argloses Opfer!

Genüsslich lehnte ich mich zurück und legte die Füße auf den Tisch. Dann fragte ich streng: »Gucken Sie keine Nachrichten, Mann? Sie haben doch jetzt Kontraktverbot!«

Stille. Dann legte er auf. Wahrscheinlich vom Lockdown genervt. Sollte sich einen Hund anschaffen, dann hat er wenigstens wen zum Kartenspielen.

Von der Lockerung des literarischen Lockdowns

Ist Ihnen mal aufgefallen, dass überall in Deutschland Menschen im Freien sitzen und in Büchern blättern?

Seltsam, mir auch nicht.

Erinnern Sie sich noch an den Beginn der Corona-Krise? Als es verboten war, auf der Parkbank zu verweilen und ein Buch zu lesen?

Ausgerechnet wir, die Erben Goethes! Nicht nur durch die Social Medias schwappte eine Woge der Empörung. Auch ich ballte den Faust in der Tasche (natürlich nur das Reclamheft) und spürte Rebellion durch meine Seele wogen.

Vor meinem inneren Auge sah ich mich als Kämpfer gegen den literarischen Lockdown. Furchtlos wie Gandhi würde ich auf einer Bank sitzen, und wenn der erste Polizeibeamte vor mir stünde, würde ich ihm das Buch entgegenrecken und ihn allein durch die kluge Wahl des Titels beschämen.

Mich am Kinn kratzend kramte ich in Gedächtnis und Bücherregal.

- Wie wäre es mit Alberto Moravias *Der Ungehorsam*? Ein perfekter Titel, aber ich bin kein Jugendlicher mehr, und auch die erotische Komponente wäre wenig passend.
- Dann vielleicht Franz Kafkas »Vor dem Gesetz«? Der Mann, der so lange vergeblich Zugang zum Recht begehrt, bis er unverrichteter Dinge stirbt? Möglicherweise doch zu subtil?

- Prüfend wog ich die zerfledderte Taschenbuchausgabe von Hans Falladas *Jeder stirbt für sich allein* in der Hand. Nein, zu dramatisch, und ich will auch niemanden mit Nazischergen vergleichen.

Ich stapelte drei Dutzend Bücher neben dem Sofa und fing an zu blättern. Generell lese ich als Ü50-Mann lieber etwas komfortabler, zumal ich auf zugigen Parkbänken leicht Rücken kriege.

Blöd war, dass ich nach einigen Wochen intensiver Recherche glatt die Lockerung der Corona-Beschränkungen verpasste. Als ich endlich im Park aufschlug, waren alle Bänke mit irgendwelchen Leuten besetzt. Meine Zählung ergab, dass 17 in ihre Smartphones tippten, acht den Kindern auf dem Spielplatz zusahen und sich einer in die Ellenbeuge nieste. Nur in einem Buch las keiner. Aber es war ja auch nicht mehr verboten.

Betrübt ging ich nach Hause und räumte Dostojewskis *Der Idiot* wieder ins Regal. Er landete griffbereit zwischen Kempowskis *Alles umsonst* und *Das Schlimmste kommt noch* von Bukowski.

Wenn die nächste Infektionswelle losbricht – ich bin bereit!

Kein Date mit dem Corona-Virus

Wer mit wem? Bisher das Thema von klassischen Dating-Apps wie Tinder oder Parship. Doch plötzlich gibt's Konkurrenz von der Bundesregierung: die Corona-App!

Ein Vergleich:
Dating-App: Du würdest gern jemanden treffen.
Corona-App: Du hast leider jemanden getroffen.
Dating-App: Dein First Date wird wahrscheinlich langweilig und enttäuschend.
Corona-App: Das Treffen wird für sehr viel Spannung in deinem Leben sorgen.
Dating-App: Dein Date meldet sich vermutlich niemals wieder.
Corona-App: Einmal kurz gesehen, und – zack – stalkt dich dein Handy.

Doch es gibt natürlich auch Gemeinsamkeiten zwischen Dating- und Corona-App:

- Das Ding zeigt grundsätzlich nur Leute an, auf die du garantiert keinen Bock hast.
- One-Night-Stand kommt überhaupt nicht in Frage.
- Einer heult nach dem Treffen bestimmt.

Echte Schwächen der Corona-App aus Sicht eines Singles sind hingegen:

- Es gibt keine Fotos, keine Altersangabe, nichts über Hobbys, Vorlieben und sexuelle Orientierung!
- Überhaupt keine Möglichkeit, die Kontakte mit kleinen Herzchen zu erfreuen oder mit einem freundlichen »Hi, na?« die Konversation zu eröffnen.
- Es fehlt eine Blockierfunktion, wenn man die Sache beenden möchte.

Fazit: Solange man die Leute nicht wie bei Tinder nach links »wegwischen« kann, taugt die Corona-App leider überhaupt nicht zur Partnersuche!

Warum schwitzen Männer wie die Schweine?

Sinkende Fallzahlen, Straßencafe, 33 Grad. Für einen Platz unter dem Sonnenschirm würde ich morden. Doch jeder zweite Tisch ist mit Flatterband abgesperrt. Wir hocken in der prallen Sonne.

Die Frau lächelt im luftigen Sommerkleid und sagt zufrieden: »Wirklich angenehm, das Wetter!«

Ich frage vorlaut: »Keine kalten Füße?«

Sie betrachtet den Schweißtropfen, der von meiner Stirn bis zur Nasenspitze herunterläuft, und entgegnet missbilligend: »Warum schwitzt du bloß so viel?«

Ich denke eine Weile nach. »Weil es warm ist«, sage ich dann und frage: »Warum schwitzt du eigentlich nie?«

Sie antwortet: »Weil Schwitzen so unästhetisch ist.«

Die Frau füttert einen Spatzen, dies gibt mir Zeit für eine schnelle Internetrecherche: Warum transpiriere ich neuerdings bei allen Temperaturen oberhalb von kühler Meeresbrise? Habe ich doch früher auch nicht gemacht?

Aus der Suchmaschine tröpfeln die ersten Antworten.

- Große Menschen, also eher Männer, schwitzen mehr als kleine Menschen, also eher Frauen. Dicke Menschen schwitzen mehr als dünne.
- Im Normalfall transportiert der Körper überschüssige Wärme über die Haut ab. Doch je kugelförmiger der Kör-

per, desto kleiner die Hautfläche im Verhältnis zum Volumen. Auch wenn es schmerzt, dies noch einmal zu verdeutlichen: Bei Bauchspeckträgern wie mir müssen dann die Schweißdrüsen ran.

- Viele Männer in den Wechseljahren leiden zudem unter Hitzewallungen. Wie Frauen in der Menopause.

»Und?«, fragt die Holde mit hochgezogener Augenbraue. »Was hat Dr. Google herausgefunden?«

Wenn ich jetzt die Wahrheit über große, dicke Körper sage, habe ich in drei Sekunden eine Diskussion über meine Ernährungsgewohnheiten am Hals.

Ich versuche abzulenken und denke mir blitzschnell etwas Unsinn aus: »Berlin ist so derartig warm, wusstest du, dass die Dealer in den Parks bloß noch Wassereis verkaufen?«

Endlich wird ein Platz im Schatten frei. Meine gequälten Lebensgeister erwachen, und ich referiere zu einem großen Löffel Erdbeereis: »Schweiß besteht zu 99 Prozent aus Wasser, der Rest sind Salze, Aminosäuren und Harnstoff. Glückliche Männer riechen besser als gestresste. Schwitzen mindert den Salzgehalt im Körper, ist deshalb gut gegen hohen Blutdruck. Normalos verdunsten etwa einen halben Liter pro Tag, Leistungssportler bis zu 3 Liter.«

Die Frau mustert schweigend den Kleckser Erdbeereis auf meiner Plauze. Dann sagt sie: »Lass uns mal zahlen, mein Leistungssportler. Ich krieg hier kalte Füße.«

Warum Sie niemals Ihren Hals föhnen sollten

Tatort Badezimmer. Ich föhne mein Haupthaar, das Kind steht auf einem Hocker, lutscht Erdbeerzahnpasta von der Zahnbürste und drückt seinen Zeigefinger prüfend in eine weiche Stelle unterhalb meines Kieferknochens. Dann sagt es: »Papa, warum macht dein Hals Wellen?«

Das Kind hat recht. Wo der Luftstrom des Föhns auf die Region zwischen Adamsapfel und Ohrläppchen trifft, kräuseln sich kleine Wellen. Wie eine Südseelagune, über die ein lauer Abendwind streicht. Bloß weniger romantisch.

Ach, die männliche Haut. Rund zwei Quadratmeter perfekte Schutzhülle. Atmungsaktiv und mit eingebauter Klimaanlage. In den ersten 40 Jahren quasi falten- und wartungsfrei. 20 Prozent dicker als die von Frauen, von üppiger Talgproduktion liebevoll gefettet. Dazu noch selbstreparierend. Humanes Hightech, keine Frage. Aber kaum ist man Ü50, wird das Zeug welk!

Ich hasse Veränderungen an meinem Körper. Und es werden immer mehr.

Nein, ich habe nichts gegen zarte A-Körbchen – aber doch bitte nicht unter meinem Shirt!

Ja, ein Elefantenbulle sieht auch von hinten majestätisch aus, dennoch möchte ich keine diagonal herabhängenden Falten an der Kehrseite haben.

Und nein, am allerwenigsten will ich, dass Männer mit vollem Haarschopf über meinen reden.

Letzte Woche, ich war mit Armin wieder auf Mountain-bike-Tour und bremste mich vor ihm einen steilen Abhang hinunter, fragte er von oben, ob ich die Platte nicht eingecremt hätte, die würde leuchten wie ein Bremslicht.

Ich war ein wenig beleidigt, denn ich habe gar keine Glatze, und das Haupthaar trage ich nur deshalb etwas länger, weil mir dies einen angemessen künstlerischen Touch verleiht. Dass die wehenden Strähnen besonders auf Selfies mit Seiten-wind die Illusion einer gewissen Fülle erzeugen – nicht mehr als ein Nebeneffekt.

Als ich an diesem Morgen verspätet zum Frühstück erscheine, trage ich Rollkragenpullover. Die Frau blinzelt erst in die warme Maisonne, dann sieht sie mich fragend an. Ich zupfe den Rollkragen zurecht und sage: »Nun mach mal nicht so eine Welle. Tu ich ja auch nicht.«

Alle bekloppt geworden, oder was?

Heften auch Sie sich manchmal Witze an den Badezimmerspiegel, damit es wenigstens beim Zähneputzen für ein schiefes Grinsen reicht?

Bei mir prangt dort ein Cartoon von Zeichner Ralph Ruthe. Ein Typ guckt verblüfft auf sein Radio, aus dem der Sprecher sagt: »Die Nachrichten: Alle bekloppt geworden. Das Wetter ...«

Maskenverweigerer, Verschwörungstheoretiker, Corona-Leugner, Party People, Risikogebietstouristen. Während sich die Durchgeknallten dieses Landes ganz offenbar köstlich amüsieren, steigen die Fallzahlen wieder – und das Virus schleicht sich an mein ganz normales Leben heran.

Eine Freundin der Frau bekommt Post von ihrem Arzt: Er hat Corona. Sie war in seiner Sprechstunde. Sie möge sich für weitere Schritte ans Gesundheitsamt wenden. Die ganze Familie geht in Quarantäne – ohne dass ein Test gemacht wird.

Nervöse Recherchen sind die Folge: Wann haben die Kinder zuletzt miteinander gespielt? Gehen wir eigentlich in den gleichen Edeka?

Vier Tage später wird die Bedrohung konkret: Unser Kind hustet wie ein 70-jähriger Raucher. Halsschmerzen. Kopfweh. Wir müssen einen Test machen.

Es folgt ein Ausflug ins Corona-Chaos der Republik. Die amtliche Hotline lotst uns zu einem Infektionscenter, 30 Kilometer entfernt. Das allerdings schickt uns wieder weg, wir sollen uns an den behandelnden Kinderarzt wenden. Bei dem stoßen wir auf Ablehnung. Anruf beim Gesundheitsamt: Natürlich ist der Kinderarzt zuständig! Doch der sagt ein zweites Mal: NEIN, WIR NICHT! Auch betteln nützt nichts.

Absurde Szenarien spuken durch die Hirne gestresster Eltern: Muss etwa einer von uns mit dem Kind nach Mallorca fliegen, morgens hin, mittags wieder zurück, damit es bei der Rückkehr am Flughafen getestet wird?

Wir telefonieren Ärzte ab. Endlich eine Allgemeinmedizinerin, die sagt: Bringen Sie Ihre Tochter her! Abstrich, 24 Stunden Wartezeit, gottlob, der Test ist negativ.

Einige Tage später meldet sich Robert, mein bester Freund. Sein Patchworksohn hat Corona in der Klasse. Der Filius ist jetzt in Quarantäne, aber das Testergebnis steht noch aus. Robert versucht, sich keine Sorgen zu machen.

Die Nachrichten laufen. Es wird immer irrer: 40 Prozent der neuen Fälle sind von Leuten eingeschleppt, die unbedingt in Risikogebieten Ferien machen mussten. Mundschutzverweigerer kloppen sich mit Polizisten.

Ich stehe vorm Spiegel und gucke mir die prophetische Postkarte an. Alle bekloppt geworden. Und das Wetter ist auch schlecht.

Erste Kohorte mit Mund-schutz marsch!

»Risikogebiet!« Hätten Sie gedacht, dass bei diesem Wort sogar der Online-Duden kapitulierte? Kein Treffer, als Ersatz schlägt er verschämt die »Risikogeburt« vor.

Seltsam, wie ein kleines Virus erst unsere Köpfe und dann unsere Sprache kaperte.

Aerosole, Herdenimmunität, Letalitätsrate, Lockdown, Maskenverweigerer, Reproduktionsfaktor, Reichsbürger, Robert Koch-Institut, Pandemie, Verschwörungstheoretiker. Nur ein kleiner Auszug aus dem ABC unserer verwirrenden neuen Corona-Welt.

»Mundschutz dabei?«, frage ich die Tochter am Schultor. Dann ermahne ich sie wie jeden Morgen: »Niemanden drücken, kein Essen tauschen, nicht zu zweit aufs Klo, auch nicht mit Ela!« Das ist ihre Lieblingsfreundin, und besonders das Umarmungsverbot trifft die Mädchen hart. Das Kind gähnt. Ich sage: »Husch, husch, du musst mit der ersten Kohorte rein.«

So was gab's früher nur bei Asterix, der ganze Heerscharen von römischen Legionären verkloppte. Heute werden die Schulkinder nach Kohorten getrennt, die verschiedenen Abschnitte des Pausenhofes zugeteilt bekommen.

Wieder zu Hause google ich weiter nach Risikogebieten. Paris, Amsterdam, Barcelona, Wien. Städtereisen macht nur noch das Virus. Bleiben wir in den Herbstferien halt zu Hause.

Doch wenn ich genauer nachdenke, gibt es auch hier einen Haufen gefährlicher Ecken für den Ü50-Mann. Nehmen wir nur den Kühlschrank. Oder die Waage. Oder das Ehebett.

Das schlimmste Risikogebiet ist und bleibt jedoch der Schlafzimmerspiegel, wenn die Frau davorsteht und fragt: »Sag mal, macht mich dieses Kleid dick?«

Wenigstens für diese klassische Lose-lose-Situation gibt es inzwischen ein Gegenmittel. Als schlachtenerprobter Beziehungsveteran sage ich: »Du siehst so geil aus in dem Fummel, ich werde schon wieder scharf auf dich.«

Die Frau rollt mit den Augen und verlässt fluchtartig das Schlafzimmer. Wenn der Umgang mit Viren doch auch so einfach wäre!

Warum Männer stets das größte Zipperlein haben müssen

Fanden Sie das auch so schrecklich, damals, wenn sich die Gespräche mit den Großeltern nur noch um Hüftschmerzen, Herzinfarkte und Hühneraugen drehten?

Ein halbes Jahrhundert später muss ich Abbitte leisten. Ob Beschwerden an der Bandscheibe, Knirschen im Knie, Problemchen mit der Prostata – kaum sitzen wir Ü50-Kerle zusammen, duellieren wir uns mit unseren Krankenakten. Befremdlich, in der Tat. Aber das ist eben so ein Männerding. Früher verglichen wir die Länge gewisser Körperteile. Heute die Intensität unserer Zipperlein.

Gerade zum Beispiel warte ich auf wieder auf meinen Kumpel Armin. Wir wollen zur Elbe radeln, dort auf der Terrasse eines Ausflugslokales mit vierfachem Mindestabstand ruhen, während wir uns diagonal durch die Speisekarte fressen. Gerade in Corona-Zeiten muss man ja auch etwas für die Seele tun.

Doch eben rief Armin an, er werde sich verspäten. Nach sechs Monaten Wartezeit hat er kurzfristig einen Termin beim angesagtesten Sportarzt der Stadt bekommen. Damit ist klar: Im Kampf um das Gebrechen des Monats rechnet er heute mit einem klaren Sieg gegen meine zugegeben etwas müden Altersdiabetes-Anekdötchen.

Doch da hat sich der Gute geschnitten! Denn vor zwei Tagen habe ich nach nur drei Minuten telefonischen Gejammers einen »Kommen Sie sofort her«-Termin beim Augenarzt bekommen. JAWOHL, BEIM AUGENARZT, wo die Menschen sonst 50 Meter Schlange stehen. Quasi der Joker in jedem medizinischen Ego-Geplänkel.

Beim Lunch überlasse ich meinem Freund großmütig die Eröffnung. Er erzählt eine schöne Geschichte über mysteriöse Schmerzen an der Achillessehne, an denen eine vereiterte Zahnwurzel die Schuld trägt. Ich nicke anerkennend. Dann frage ich: »Hast du schon mal was von Augenmigräne gehört?«

Armin guckt verdutzt, und ich berichte von jenem Moment, in dem sich vor wenigen Tagen mein linkes Auge verfinsterte. Mit rechts sah ich den Hund im Sonnenschein aus einem Bachlauf trinken, links zuckten nur noch Blitze durch die pechschwarze Nacht. Eine höchst verstörende Erfahrung, denn die sofort mit dem guten Auge hinzugezogene Google-Diagnose bot die Wahl zwischen Tumor, Infarkt oder Schlaganfall. Der richtige Doc diagnostizierte später Augenmigräne. Unangenehm, eher selten und zum Glück weder schmerzhaft noch gefährlich.

Auf der Rückfahrt strampelt Armin verdrießlich neben mir her. Als wir uns verabschieden, sagt er: »Ich gehe nächste Woche wahrscheinlich mal zum Urologen.«

Ich lächele ihm milde hinterher. Mit Prostata braucht der nicht zu kommen! Ich habe eine Überweisung zum Kardiologen in der Tasche. Nur zur Sicherheit, wie der Augenarzt sagt.

Mindesthaltbarkeitsdatum abgelaufen

Ich liege in einer Röhre. Um mich herum knackt, pingt und knallt es. Ich rücke die Kopfhörer zurecht und denke: »Super Idee, mit 58 Jahren noch mal klettern zu gehen, aber wirklich!«

Vor einer Woche war ich mit dem Kind klettern. Wobei mein rechtes Knie ganz ähnliche Geräusche machte wie jetzt das Magnetresonanztomografiegerät. Aber ich musste ja unbedingt dem Töchterchen beweisen, dass Papa noch nicht zum alten Eisen gehört.

»Herzschrittmacher? Metallteile im Körper?«, fragte die medizinisch-technische Assistentin vor einigen Minuten, und ich witzelte tapfer unter meinem Mundschutz: »Stahlharte Bauchmuskeln, sonst nichts.« Wir haben dann beide herzlich gelacht.

Machen wir uns nichts vor: Wäre ich, sagen wir, ein Becher Wackelpudding, würden die Zahlen auf dem Deckel signalisieren: Mindesthaltbarkeitsdatum abgelaufen!

Prostata, Altersdiabetes, Bluthochdruck, Bandscheiben, Kurz- und Weitsichtigkeit. Was mich an diesem überaus abgenutzten Körper stört: Nichts davon wird irgendwann noch mal besser.

Früher, als junger Kerl, wurde man krank, wieder gesund, und dann ging man ein Mammut erschlagen oder in der Brandung surfen. Heute verlässt man die Arztpraxis mit allerlei guten Ratschlägen, deren penible Einhaltung den Verfall möglicherweise verlangsamt. Sonst nichts.

»Mehr Sport treiben«, sagt der Kardiologe. »Aber nicht Joggen, Tennisspielen, Skilaufen, oder Klettern!«, entgegnet der Orthopäde.

Vor einiger Zeit habe ich im *Hamburger Abendblatt* gelesen, dass älteren Menschen ein Triathlon aus Nordic Walking, Tretbootfahren und Schwimmen empfohlen wird. Da habe ich noch geschmunzelt.

Der Röntgenarzt erläutert mir die Diagnose: Innenmeniskus angerissen. Außenmeniskus auch, aber das offenbar schon länger. Ödeme in den Oberschenkelknochen. Flüssigkeit im Gelenk. Kann man operieren, vielleicht wird's dann besser. Vielleicht aber auch nicht.

»Verzeihen Sie mir den Vergleich«, sagt der Doc. »Aber aus einem durchgerosteten Golf macht Ihnen keine Werkstatt einen neuen Ferrari.«

Betrübt humpele ich nach Hause.

Wo kriege ich denn jetzt ein Tretboot her?

Warum auch ich jetzt eine Übergangsjacke habe

Übergangsjacke. Ein Fachbegriff, der vielen Ü50-Männern noch immer fremd ist. Ich zum Beispiel dachte jahrelang, es handele sich um quietschgelb leuchtendes Regenzeug, das Schülerlotsen tragen. Sie wissen schon: Für den sicheren Übergang am Zebrastreifen.

Tatsächlich sind Übergangsjacken gar keine Kleidungsstücke, sondern ein Gemütszustand. Sobald der Herbst im ersten Raureif glitzert, wird die Frau von geheimnisvoller Unruhe befallen, die nur durch den sofortigen Erwerb einer solchen Jacke gestillt werden kann.

Ich habe jetzt übrigens auch eine.

Es passierte ohne mein Zutun. Eigentlich wollte ich für die Hunderunden wasserdichte Wanderstiefel haben, als die Frau beim Outdoorausstatter mit einem Arm voller pastellfarbener Jacken vor mir stand.

Es wurde eine himmelblaue. Ich wurde bleich und formulierte angesichts des horrenden Preises zarten Widerspruch. »Übergangsjacken«, belehrte mich die Frau, »sind nicht irgendwelche Sachen. Die passen sich dem Wetter an, und das hat seinen Preis.«

In der Tat zeichnet sich meine neue Jacke durch eine Vielfalt von Eigenschaften aus. Frühmorgens sorgt sie für erfrischende Kühle, im Sonnenschein wird sie zur Sauna, sobald es den ersten Tropfen regnet, geleitet sie diesen blitzschnell bis an meine Haut. Insofern trägt die Übergangsjacke ihren Namen zu Recht: Sie erleichtert mir den Übergang vom fröhlichen Frischluftfreund zum sensiblen Stubenhocker, der sein geheiztes Zuhause bis zum April nicht mehr verlassen wird.

Als die Frau fragte, warum ich die Himmelblaue niemals trage, beichtete ich. Zum Glück wusste sie Abhilfe. Wir gingen shoppen. Diesmal aber Übergangsjacken mit speziellen Spezialfunktionen.

Auf dem Rückweg legte ich noch einen Stopp am Baumarkt ein, wo ich einen Bollerwagen erstand. In diesem ziehe ich jetzt Windbreaker, Regenjacke, Daunenmantel, Softshell und Fleece hinter mir her.

Man weiß ja nie, wie das Wetter wird. Gut, dass jemand die Übergangsjacke erfunden hat.

Darf man den Sohn verklagen, wenn er einen zum Opa macht?

»Ist die Hütte nicht ein bisschen groß für euch zwei?«

Ratlos stapfe ich durch Kalkstaub und Mörtel. Jener Sohn, der vor 25 Jahren noch auf meinen Knien Hoppereiter spielte, hat in einer Nacht-und-Nebel-Aktion ein Reihenhaus erworben. In dem Alter wohnte ich auf 33 Quadratmetern unterm Dach, und meine Aufmerksamkeit galt ausschließlich folgenden Fragen: Wen kann ich bis zum Monatsende noch um einen Hunderter anpumpen? Wo feiere ich heute Abend? Und lässt sich dort eine nette Kommilitonin für Knutschen und andere Kurzweil finden?

Der Sohn ist da ganz anders geraten: Seit der Schule die gleiche Freundin. Dann Abi, Ausbildung, Studium, Job als Banker. Wollte auch nie lange Haare haben. Kommt eindeutig nach seinem Großvater, der wiederum wegen meines Lotterlebens früh ergraute.

Gerade erläutert mir der Filius die Zusammenhänge von dezentraler Lüftungsanlage und Tilgungszuschuss der KfW-Bank, als ich eine Treppe höher weitere Türen entdecke. Ich zähle im Geiste die Räume nach und frage: »Wofür braucht ihr drei Schlafzimmer?« Der Sohn sagt: »Kinderzimmer.« Ich atme tief durch. Dann antworte ich vorwurfsvoll: »Habe ich dich dafür großgezogen? Dass du mir in meinen besten Jahren Enkelkinder anhängst?

Auf dem Heimweg versucht die Frau, mich zu trösten. »Die sind ja noch nicht schwanger, die üben noch.« Dann sagt sie versunken: »Die Kleinen könnten auch mal bei uns schlafen. Oder wir nehmen die mit in die Ferien.«

Ich verfalle in düsteres Brüten. Wie ist das eigentlich juristisch? Muss man die Großvaterschaft anerkennen oder kann man die anfechten? Und darf man seinen Sohn auf Schmerzensgeld verklagen, wenn das Kind einen vor fremden Leuten Opa nennt?

Später gucke ich zur Beruhigung Musikvideos. Als Mick Jagger zu »Gimme Shelter« lasziv einige Background-sängerinnen antanzt, googele ich seine Familienverhältnisse. Auch schon 77, der Bursche. Acht Kinder, vier Enkel, neulich sogar Uropa geworden.

Muss der Sohn halt sehen, wie er ein paar Tänzerinnen zum Kindergeburtstag bekommt!

Wer jetzt trinkt, braucht als Rentner keine Flaschen sammeln!

»DIE RENTE IST SICHER!«

Wer hat dem mittlerweile verstorbenen ehemaligen Bundesarbeitsminister Norbert Blüm (CDU) eigentlich das Mikro abgedreht, als er 1986 diese legendären Worte sprach? Und hätte der vollständige Satz nicht lauten müssen: »Die Rente ist sicher ... nicht so hoch, wie Sie jetzt vielleicht glauben werden!«

34 Jahre später ist das Malheur mit der Rente nicht mehr nur eine bedrohliche Ahnung, sondern konkretes Unheil. Obendrein ist der Euro nur noch 50 Pfennig wert – oder wäre Ihnen damals auch nur im Traum eingefallen, Ihr Bäcker könnte eines Tages für einen Kaffee mit einem Klacks Milchschaum umgerechnet 8 Mark verlangen?

Ich geb's ja zu. Ich hätte besser vorsorgen sollen!

Als ich ein junger Dachs bei der Zeitung war, grummelte mir einer unserer Wirtschaftsweisen im Fahrstuhl zu: »Gehen Sie in den DAX, junger Mann!«

Es war direkt nach dem ersten Crash des Neuen Marktes (die Älteren unter uns werden sich erinnern) und dennoch ein ausgezeichneter Rat.

Der Deutsche Aktienindex lag damals bei unter 3000 Punkten und hat seinen Wert zwischenzeitlich sogar vervierfacht. Nie war ich meinem Traum von einem Leben ohne Arbeit näher! Leider wollte keine Bank meinen überzogenen Dispo gegen ein Depot mit Wertpapieren tauschen, und so lernte ich die erste wichtige Lektion meines Lebens: Wer kein Geld hat, kriegt auch keines dazu. Jedenfalls nicht ohne Jahre voller erschreckend harter Arbeit.

Aber ich, Anfang 30, frisch verheiratet, schwangere Ehefrau, glaubte an Betongold und erwarb ein ältliches Reihenhaus. Die unangenehm hohen Ratenzahlungen (ja, ja, damals kostete so ein Kredit irre 9 Prozent Zinsen) führten dazu, dass wir ab dem 25. des Monats meist Ravioli aus der Dose aßen. Es waren glückliche Zeiten. In den weniger glücklichen Zeiten nach der Scheidung löffelte ich für einige Zeit ganzjährig kalte Nudeln aus der Dose.

Dies war die zweite wichtige Lektion meines Lebens: Geht die Liebe den Bach runter, folgen schnell das hypothekenbelastete Haus und zum Schluss auch noch die Rente. Eine Erkenntnis, die mich in die Lage versetzt, Ihnen einen wichtigen Rat zu geben: Sollten Sie jemals vorhaben, Ihre Gattin gegen eine andere Frau zu tauschen, googeln Sie vorher das Wort »Rentenausgleichsberechnung«. Halbieren Sie in Gedanken alles, was Sie später zu haben glauben, sagen Sie Ihr aufregendes Date ab und kaufen Sie Ihrer Frau einen großen Strauß Rosen. Es ist einfach billiger, glauben Sie das ruhig!

Freunde von mir wählten einen anderen Weg zur gescheiterten Altersvorsorge: Sie packten jedes Urlaubsgeld, das sie bekamen, in ihre Lebensversicherung und verbrachten ausschließlich Billigurlaube auf Campingplätzen. Das alte Nordmann-Zelt ist lange Schrott. Ihre Lebensversicherung auch. Die beiden trösten sich aktuell damit, dass die entbehrungsreichen Zeiten in ungeheizten Campingduschen eine gute

Vorbereitung aufs vermutlich ebenso kärgliche Rentnerdasein gewesen sind.

Ich bastele derweil am nächsten hoffnungsvollen Vorsorgeexperiment. Basis ist ein Internetwitz aus dem Jahr 2008: Wer damals 1150 Euro in eine später rasant fallende Bankaktie investierte, hatte nach rund eineinhalb Jahren nur noch 215 Euro im Depot. Wer im gleichen Zeitraum jede Woche einen Kasten Bier trank, freute sich am Ende über 223,20 Euro Flaschenpfand, also satte 8,20 Euro mehr.

Vor zehn Jahren fand ich das witzig. Heute halte ich es für ein schlüssiges Konzept mit einem wichtigen Zusatznutzen.

Wenn ich jetzt mit dem Trinken anfange, brauche ich als Rentner wenigstens keine Flaschen sammeln!

Ein Blowjob für 25 Cent

Die Frau ist schon rein zu Lidl. Ich stehe am Pfandautomaten und frage mich, welches System hinter der rätselhaften Tatsache steckt, dass – völlig egal, in welchem Laden – einer von zwei Automaten grundsätzlich kaputt ist.

Endlich bin ich dran. Ich habe drei große Tüten Pfandflaschen dabei. Die meisten sehen aus wie ich im Spiegel: vom Leben gezeichnet und bereits ein wenig zerknittert.

Ich lausche auf die Geräusche, die der Automat von sich gibt. SSSST! (Flasche rein.)

Ssssst! (Etwas hellerer Ton, Flasche wieder raus.)

Der Automat mag keine zerknitterten Flaschen. Bei sieben von ihnen hat er bereits die Annahme verweigert. Ich habe sie in Reih und Glied oben auf dem Gerät aufgestellt und muss an Ex-Bayern-Trainer Giovanni Trapattoni denken. Ich rezitiere »Spielen wie Flasche leer, was erlauben Pfandautomat?« und sehe mich beifallheischend um, aber es ist 8.27 Uhr, keiner der hinter mir Wartenden lacht.

SSSST!

Ssssst!

Jetzt habe ich schon elf zerknitterte Flaschen. Ich könnte das kleine Kunstwerk für Instagram fotografieren, es »Spanien gegen Deutschland« nennen und Jogi Löw widmen.

SSSST!

Ssssst!

Hinter mir ertönt leises Murren. Ich spüre Stresssignale in mir aufsteigen. Beschleunigte Atmung, leicht gerötete Wangen. Das hier ist nicht gut für einen Mann jenseits der 50. Mein Blutdruck ist eh zu hoch. Hat die Politik jemals gewollt, dass das ökologisch-pflichtbewusste Zurückbringen von Leergut zum Gesundheitsrisiko für ihre Steuerzahler wird?

SSSST!

Ssssst!

Ich fühle mich schuldig. Ich gehöre nun mal nicht zu den Leuten, die leere Plastikflaschen sorgsam wie Familienporzellan behandeln. Bei Autofahrten werfe ich sie hinter den Fahrersitz, wo dann das Kind darauf tritt. Aber meine Güte, es sind PLASTIKFLASCHEN, und im Pfandautomaten werden sie ohnehin geschreddert!

SSSST!

Ssssst!

Unser Ex-Umweltminister kommt mir in den Sinn. Sie wissen schon, dieser Grüne mit dem Walrossschnauzer, der Urvater aller Pfandautomaten. Ja, lieber Jürgen, dafür, dass mich gerade drei wildfremde Menschen hassen, hättest du einen Tritt in …

Nein, ich zügele mich! Keine billigen Wortspiele mit Politikernamen. Das gibt schlechtes Flaschenkarma.

SSSST!

Ssssst!

Ich schnaube zornig und straffe die Schultern. Für andere Leute wäre dies hier vielleicht ein Problem. Für einen gestandenen Ü50-Mann wie mich ist es eine Herausforderung, ein Fehdehandschuh mitten hinein ins männliche Ego!

Ich zögere kurz, dann ziehe ich den Mundschutz runter, öffne den Schraubverschluss einer Flasche, setze sie an die Lippen und blase mit aller Kraft hinein.

Jawohl, die Flasche entknittert sich!

Jawohl, der Automat nimmt die Pulle!

SSSST!

Knirsch!

Was für ein geiles Geräusch, wenn die Kiste das Plastik zermalmt. Ich balle die rechte Hand zur Siegerfaust, puste auch die restlichen Flaschen auf und ziehe meinen Pfandbon.

Doch das Triumphgefühl wird vom Kichern zweier Jugendlicher geschreddert, die hinter mir diskutieren, ob sie ihr Video bei YouTube oder Snapchat hochladen sollen. Zwischen ihren zusammengesteckten Köpfen erhasche ich einen Blick auf ein Handy, in dem ein älterer Mann, der mir nicht unähnlich sieht, mit hochrotem Kopf Plastikflaschen aufbläst.

Beim Rausgehen ziehe ich die Mütze tief ins Gesicht. Die Frau wartet schon ungeduldig mit einem vollen Einkaufswagen. »Was hast du denn gemacht die ganze Zeit?«

Ich sage: »Ich hatte einen Blowjob mit Jürgen. Für 25 Cent.«

Advent, Advent, die Rute brennt

»Der kleine Johann verfolgte mit Hilfe des Adventskalenders, auf dessen letztem Blatte ein Tannenbaum gezeichnet war, pochenden Herzens das Nahen der unvergleichlichen Zeit.« Thomas Mann: *Die Buddenbrooks.*

Okay. 1869 ist ein paar Tage her. Adventskalender werden nicht mehr von Lübecker Kindermädchen gezeichnet, sondern von Marketingabteilungen entworfen. Und aus den pochenden Herzen ist Bauchweh geworden.

Meine Tochter war vor dem letzten Fest stolze Besitzerin von nicht weniger als fünf mit Schokolade befüllten Kalendern, die Mama, Oma und diverse Tanten angeschleppt hatten. Dies führte zu Appetitlosigkeit und Magendrücken, aber da muss ein Kind halt mal durch. Wir Erwachsenen haben schließlich auch das Recht auf unsere vorweihnachtlichen Freuden.

Bei uns größeren Leuten hat sich ebenfalls viel getan.

Es gibt Adventskalender mit Wein, Müsli, veganem Trendfood, es gibt sie in Low Carb, laktosefrei, mit DDR-Souvenirs oder bienenfreundlichem Saatgut gefüllt.

Und dann gibt es noch 24 Türchen, hinter denen purer Sex geboten wird: den Amorelie-Adventskalender für über 200 Euro. Wie man hört, wird er viel von Frauen gekauft, die ihren bequem gewordenen Lovern einen zarten Hieb mit dem Zaunpfahl verpassen wollen.

Der Begriff »weihnachtliche Vorfreude« muss angesichts von Saugvibratoren, Liebeskugeln, Penisringen und Augenbinden jedenfalls neu definiert werden. Und die Handschellen legen den Verdacht nahe, dass die Rute des Nikolaus bei so viel geballter Unartigkeit eher das Gegenteil von Bestrafung sein wird.

Mein Kumpel Jörn wurde mit ebendiesem Kalender beglückt, was ihm einiges Unbehagen bereitete. »Wer will denn 24 Mal Sex mit der eigenen Frau?«, klagte er. »Und wann soll ich da noch mit dem Hund rausgehen?«

Liebe vorweihnachtlich überforderte Ü50-Männer, lassen Sie den Mut nicht sinken. Sagen Sie einfach mannhaft, was Sie wirklich als Adventskalender wollen. Es kann doch kein Zufall sein, dass viele Bierkästen exakt 24 Flaschen enthalten!

Wenn es gut läuft, noch zehn schöne Sommer?

»Die Einschläge kommen näher!«

Fand ich immer blöd, diesen Aphorismus. Alte Leute murmeln ihn, wenn im Bekanntenkreis jemand gestorben ist. Es ist ein bedrohlicher Satz, aus den Schützengräben der Weltkriege entliehen, in denen Infanteristen im Feuer den Kopf einzogen und sich fragten, wann wohl sie an der Reihe sein werden.

Die Einschläge sind verdammt nah gekommen.

In wenigen Monaten sind drei Menschen gestorben, die meine Freunde waren.

67, 64 und 56 Jahre sind sie geworden. Junge Burschen, jedenfalls aus meiner Perspektive eines Endfünfzigers. Zwei von ihnen sind gerade eben in Rente gegangen, einer stand noch voll im Job. Und neben der fassungslosen Trauer über diese Ungerechtigkeit, dass ein Mann sein ganzes Leben arbeitet und dann von seinem Körper um den Lohn aller Mühe gebracht wird, stieg ein düsterer Gedanke in mir auf.

Wie viele gute Sommer werde ich noch haben? Schaffe ich überhaupt zehn?

Es ist die zentrale Frage des mittelalten Lebens. Wann wird aus »nachts zweimal raus« Prostatakrebs? Wann aus »Ihr Blutdruck ist mir zu hoch« der erste Herzinfarkt? Und wer gewinnt das Wettrennen um meinen baufälligen Körper? Das Virus oder der Impfstoff?

Dass wir hier alle nicht lebend rauskommen, wissen wir, seit wir denken können. Wir denken nur nicht gern daran.

Würden wir anders leben, wenn wir es täten? Achtsamer? Dankbarer? Aufmerksamer für das kleine Glück?

Stress im Job, Streit mit der Frau, Sorgen um die Kinder, Angst vor Aerosolen. Die Steuer muss auch noch gemacht werden. UND WIESO FÄHRT DER IDIOT DA VORN NICHT AUF DER RECHTEN SPUR? Wie oft lassen wir uns ablenken von dem Glück, dass wir noch leben?

Was wollte ich nicht alles tun in den letzten 20 Sommern. In die Karibik segeln oder wenigstens mal nach Kopenhagen. Freunde wiederfinden. Meinen Kindern viel öfter sagen, wie sehr ich sie liebe. Die Stones noch mal live sehen. Bücher schreiben. Einen Hund haben.

Okay, ein paar Sachen haben geklappt. Dafür hat sich die Töle ein Huhn des Nachbarn geholt. Im Hochsommer Zaunpfähle einbetonieren, um den Garten ausbruchsicher zu machen, stand nun nicht gerade auf der Liste der Dinge, die ich schnell noch mal machen möchte.

Wem dort ein Platz zukommt, das ist ein alter Freund. Da wir in verschiedenen Städten wohnen, sehen wir uns nur noch selten.

Seit ewig spielen wir zusammen lausiges Golf. Danach sitzen wir müde und glücklich auf der Terrasse und verkünden: »Nächstes Jahr machen wir das aber öfter!« Seit 20 Jahren sagen wird das. Jedes Mal!

Ich sollte ihn anrufen. Nein, nicht nächste Woche, nicht morgen, sondern jetzt. Dann fahre ich halt ein paar Hundert Kilometer, um mit ihm den Rasen seines Golfplatzes umzugraben.

»Die Einschläge kommen näher«, heißt es dann für wenige Stunden nur noch für Leute, die sich unvorsichtigerweise in Reichweite unserer verunglückten Abschläge begeben.

Sachen, die Ü50 echt super sind!

1. Die Oldieprogramme im Radio werden besser.
2. Wer einen Hund will, holt sich einen.
3. Waschmaschinen schleppen jetzt die Jungen.
4. Ich kann viel länger ohne Sex.
5. Unangenehme Dinge vergesse ich einfach.
6. Wir sind gar nicht starrsinnig, wir wissen es wirklich besser.
7. Einen Bauch haben macht endlich Sinn.
8. Wir können jetzt auch platonisch lieben.
9. »Stairway To Heaven« gibt's auf YouTube.
10. Der dicke alte Kerl in uns, das ist in Wahrheit Buddha.
11. Wir können jetzt endlich anfangen, glücklich zu sein!

PS
Liebe Leser! Wie sieht Ihre Ü50-ist-echt-super-Liste aus? Was macht Sie froh? Was lässt Sie lächeln? Wie finden Sie Ihr Glück der maximal mittelalten Jahre? Schreiben Sie mir! Sie finden mich auf Twitter (@l_l_andersson) oder unter der E-Mail-Adresse Leif.Lasse.Andersson@bild.de.

Herzliche Grüße und bleiben Sie gesund!
Ihr Leif Lasse Andersson

Inhalt

Danksagung 3

Als ich den Praktikanten mit der Kaffeedose verfehlte. 4

Ein Date mit der Personalabteilung 9

Als Gott mir sagte: Du brauchst einen Hund 14

Haben Sie schon mal über Hodenlifting nachgedacht? 18

Warum ich meinen Sohn nie wieder beim Mau-Mau
 gewinnen lasse. 20

Cowboystiefel machen nämlich schlank. 22

Punk ist nicht tot, Punk muss jetzt bloß nachts dreimal Pipi 25

Das ist doch hoffentlich nicht mein Ladekabel, das der Hund
 dort zerkaut? 28

Reden wir doch mal über keinen Sex 30

Warum wir Männer den Valentinstag fürchten. 33

Aus, Klaus! Mach Sitz, Fritz! 35

Warum jeder Mann eine Menstruations-App auf dem Handy
 haben sollte. 38

Dieses Kapitel können Sie echt vergessen 41

Dieses Mannsein ist ein ewiger Kampf. 44

Ich hole mal eben die Penispumpe 46

Warum ich von E-Bikes Kopfweh bekomme 48

Testosteron, Sie wissen schon! 50

Winterspeck? Auf den Grill damit!. 52

Warum wir ein Museum für Steinzeitsätze brauchen 55

Wieso verschicken Männer Penisfotos? 58

Altersstarrsinn? ICH! DOCH! NICHT! 60

Swingerklub ist auch Beschiss! Die spielen da gar keinen Jazz . . . 63

Wie eine App meinen Ruf als Musikpapst ramponierte 65

Gebrauchter Füller zu verkaufen 68

Warum ich eine Frau mit Hohlkreuz brauche. 70

Wie PowerPoint bei tropfenden Abflüssen hilft. 73

Wie unsere Küchenpalme in die Wechseljahre kam 75

Jetzt ist sogar Woodstock schon Ü50! 77

Schnarchen? Aber ich doch nicht! 79

Intervallfasten ist, wenn der Hund Sie hasst! 81

Warum ich mich nicht mehr mit der Frau streite. 83

Wie kam der Treppenlift in Omas Handy? 86

Warum unsere Katze nichts vom Gendern hält. 88

Wie ich mal knallhart mit dem Schmusekissen auszog 91

Warum ich »Sitz« mache, wenn der Hund komisch guckt. 93

Als ich in der Büchse der Pandora ein Ladekabel fand. 95

Woran Männer beim Quelle-Katalog wirklich denken 97

Warum Handschuhfächer in Autos so wichtig sind 99

Denken Sie bitte ans Rettungsgassi. 101

Mein Urlaubs-Work-out heißt Pommes, Plauze, Po 103

IBAN, die Schreckliche, und mein Kampf mit der Lesebrille 106

Weshalb ich zu Halloween Kondome an junge Väter verschenke. . 108

Rilke, war das nicht der Typ mit dem Laubbläser? 110

Herbstblues? Da hilft eigentlich nur Sex. 112

Wie mein WG-Kumpel mich zu seiner nörgelnden Frau machte. . 114

Warum auch Hardrocker manchmal Lammfell tragen. 116

Wenn das WLAN ausfällt, ist die Frau eigentlich ganz nett 119

Natürlich will ich ein Grab mit Touchscreen haben 121

Sex? Das möge Gott verhüten! 124

Warum ich der Frau dauernd Rosen schenke. 126

Senile Bettflucht? Ich bin bloß der, der im Bett flucht 129

Warum ich dringend neue Freunde brauche 131

Wie ich mit Fake News jeden Ehekrach gewinne. 133

Kann ein Schmetterling auf dem Penis beim Flirten helfen? 136

So lassen sich Computerprobleme mit einem Schnitzel lösen. . . . 138

Alt ist, wenn du vom Niesen Hexenschuss bekommst 141

Warum Onlinedating so aussichtslos wie Regenwaldretten ist . . . 143

Fünf wichtige Tipps für Ihr erstes Date 145

Tempolimit? Hinter mir fährt eh keiner schneller als 80. 148

Warum ist der böse Blick so schick? 150

Wie altert man in Würde, wenn das Kind auf dem Rücken
»Hühaaa!« schreit? 152
Berlin ist, wo man mit Licht am Bike als Loser gilt 154
Warum manche Schwäne schwarze Schwänze haben 156
Seniorenrabatt? Aber doch bitte nicht für mich! 158
YouTuben wir uns ins Glück zurück 160
Dürfen Männer Deko kaufen? 163
Unser Weihnachtsbaum ist natürlich aus Bodenhaltung 165
Wenn der Paketmann neunmal klingelt 167
Liefern die Heiligen Drei Könige eigentlich auch Ladekabel? 169
Gute Vorsätze, schlechte Zeiten 171
Wie mich Franz Beckenbauer zum »Dschungelcamp« bekehrte . . 174
Niesen wie ein Taliban 176
Wie es im Hause Andersson zu Hamsterkäufen kam 178
Wo ein hustendes Handy von Nutzen ist 180
Macht Corona außerdem noch fett? 182
»Bleiben Sie gesund!« – Wie drei Worte das Land eroberten 184
Was machen wir jetzt mit dem ganzen Toilettenpapier? 186
Darf man eigentlich Corona-Witze machen? 188
Von der Lockerung des literarischen Lockdowns 190
Kein Date mit dem Corona-Virus 192
Warum schwitzen Männer wie die Schweine? 194
Warum Sie niemals Ihren Hals föhnen sollten 196
Alle bekloppt geworden, oder was? 198
Erste Kohorte mit Mundschutz marsch! 200
Warum Männer stets das größte Zipperlein haben müssen 202
Mindesthaltbarkeitsdatum abgelaufen 204
Warum auch ich jetzt eine Übergangsjacke habe 206
Darf man den Sohn verklagen, wenn er einen zum Opa macht? . . 208
Wer jetzt trinkt, braucht als Rentner keine Flaschen sammeln! . . . 210
Ein Blowjob für 25 Cent 213
Advent, Advent, die Rute brennt 216
Wenn es gut läuft, noch zehn schöne Sommer? 218

Bibliografische Information der Deutschen Nationalbibliothek
Die Deutsche Nationalbibliothek verzeichnet diese Publikation in der Deutschen Nationalbibliografie. Detaillierte bibliografische Daten sind im Internet über http://dnb.d-nb.de abrufbar.

Für Fragen und Anregungen
info@rivaverlag.de

Originalausgabe
1. Auflage 2021
© 2021 by riva Verlag, ein Imprint der Münchner Verlagsgruppe GmbH
Türkenstraße 89
80799 München
Tel.: 089 651285-0
Fax: 089 652096

Abdruck der Ü50-Kolumnen »Die unrasierte Wahrheit« mit freundlicher Genehmigung von

Redaktion: Caroline Kazianka
Umschlaggestaltung: Anna Koljaiczek
Umschlagabbildung: Shutterstock.com/Yana_P, corkmaxim
Satz: Carsten Klein, Torgau
Druck: GGP Media GmbH, Pößneck
Printed in Germany

ISBN Print 978-3-7423-1564-9
ISBN E-Book (PDF) 978-3-7453-1485-4
ISBN E-Book (EPUB, Mobi) 978-3-7453-1486-1

Weitere Informationen zum Verlag finden Sie unter

www.rivaverlag.de

Beachten Sie auch unsere weiteren Verlage unter www.m-vg.de